公路交通运输与经济发展协调性研究

高炳军 著

延吉·延边大学出版社

图书在版编目（CIP）数据

公路交通运输与经济发展协调性研究 / 高炳军著. 延吉：延边大学出版社，2024.6. -- ISBN 978-7-230-06687-7

Ⅰ．F542.3

中国国家版本馆CIP数据核字第2024A42X47号

公路交通运输与经济发展协调性研究
GONGLU JIAOTONG YUNSHU YU JINGJI FAZHAN XIETIAOXING YANJIU

著　　者：高炳军
责任编辑：李　磊
封面设计：文合文化
出版发行：延边大学出版社
社　　址：吉林省延吉市公园路977号　　邮　　编：133002
网　　址：http://www.ydcbs.com　　E-mail：ydcbs@ydcbs.com
电　　话：0433-2732435　　传　　真：0433-2732434
印　　刷：三河市嵩川印刷有限公司
开　　本：710mm×1000mm　1/16
印　　张：11.5
字　　数：200 千字
版　　次：2024 年 6 月 第 1 版
印　　次：2024 年 6 月 第 1 次印刷
书　　号：ISBN 978-7-230-06687-7

定价：65.00元

前　言

公路交通运输与经济发展之间存在着密切的关系。在过去的几十年里，随着世界各国经济的快速发展，公路交通运输网络得到了大规模的建设和完善。在这一过程中，交通运输行业逐渐成为经济增长的重要引擎，对推动产业升级、激发区域经济活力、提高人民生活水平起到了重要作用。然而，随着资源环境压力的增大和经济发展阶段的转变，传统的高投入、高消耗、低产出的交通运输发展模式已经难以为继。如何实现公路交通运输与经济的良性互动和协调发展，成为各国政府关注的焦点。

公路交通运输作为经济发展的重要支撑，其与经济发展是否协调直接关系到经济能否持续、健康发展。加强公路交通运输与经济发展的协调性，可以优化资源配置，提高运输效率，降低运输成本，增强区域竞争力，从而推动经济持续、健康发展。公路交通运输网络是连接不同地区的重要纽带，也是实现区域经济一体化的基础条件。加强公路交通运输与经济发展的协调性，可以促进地区间的经济交流与合作，推动产业转移和升级，加速区域经济一体化进程。公路交通运输的发展直接关系到人民群众的出行安全和便捷程度。加强公路交通运输与经济发展的协调性，可以提高交通运输服务质量，改善人民群众出行条件，提高人民生活水平。

总之，公路交通运输与经济发展相协调的意义重大而深远。在全球化和信息化不断加速的今天，我们必须深刻认识并积极应对这一挑战，加强理论研究和实践探索，努力实现公路交通运输与经济的良性互动和协调发展。

《公路交通运输与经济发展协调性研究》一书共 20 万余字，该书由甘肃省甘南公路事业发展中心高炳军撰写。本书共分为六章，第一章主要对公路交通运输进行概述；第二章主要介绍公路交通运输基础设施的相关内容；第三章主要对公路交通运输市场进行分析；第四章主要研究公路交通运输的经济效益与社会效益；第五章主要探讨公路交通运输与区域经济发展的关系；第六章主要研究基于人工智能及绿色发展理念的公路交通运输。

  在编写本书的过程中，笔者参考并借鉴了多位学者的专著、论文，在此表示感谢。由于笔者水平有限，加上时间仓促，书中的疏漏和不足在所难免，恳请各位学者及读者提出宝贵的意见和建议，以便今后修改完善。

高炳军
2024 年 4 月

目 录

第一章 公路交通运输概述 ………………………………………………… 1

第一节 公路交通运输基本理论 ………………………………………… 1
第二节 公路交通运输的发展 …………………………………………… 5
第三节 公路交通运输与经济发展 ……………………………………… 13

第二章 公路交通运输基础设施 …………………………………………… 20

第一节 公路交通运输基础设施的类型 ………………………………… 20
第二节 公路交通运输基础设施规划 …………………………………… 33
第三节 公路交通运输基础设施融资与运营管理 ……………………… 49

第三章 公路交通运输市场分析 …………………………………………… 56

第一节 交通运输市场 …………………………………………………… 56
第二节 公路交通运输市场的发展与供需 ……………………………… 69
第三节 公路交通运输市场与其他市场的关系 ………………………… 77
第四节 公路交通运输市场不正当竞争行为 …………………………… 80
第五节 公路交通运输市场的经济规制 ………………………………… 91
第六节 公路交通运输市场营销 ………………………………………… 103

第四章 公路交通运输的经济效益与社会效益 ……121

第一节 公路交通运输对产业布局的影响 ……121

第二节 公路交通运输对就业的影响 ……128

第三节 公路交通运输与环境保护 ……133

第五章 公路交通运输与区域经济发展 ……141

第一节 公路交通运输的发展对区域经济发展的推动作用 ……141

第二节 区域经济发展对公路交通运输的影响 ……145

第三节 促进公路交通运输与区域经济发展良性互动的措施 ……148

第六章 基于人工智能及绿色发展理念的公路交通运输 ……151

第一节 基于人工智能的公路交通运输 ……151

第二节 基于绿色发展理念的公路交通运输 ……162

参考文献 ……176

第一章 公路交通运输概述

第一节 公路交通运输基本理论

一、公路交通运输的定义与分类

（一）公路交通运输的定义

公路交通运输是指利用汽车等陆路交通工具，通过道路网络实现人和货物的空间位移的运输方式。它是现代化交通运输体系的重要组成部分，与铁路、水路、航空和管道等运输方式共同构成了完整的交通运输体系。

（二）公路交通运输的分类

公路交通运输可以根据不同的标准进行分类：

1.按运输对象

根据运输对象的不同，公路交通运输可分为客运和货运。客运主要指旅客运输，货运则主要指货物运输。

2.按运输方式

根据运输方式的不同，公路交通运输可分为直达运输和配载运输。直达运输是指直接将货物或旅客从一个地点运至另一个地点的运输方式；配载运输则是指通过多个运输工具的组合，将货物或旅客从一个地点运至另一个地点的运输方式。

3.按车辆类型

根据车辆类型的不同，公路交通运输可分为普通客车运输、普通货车运输、厢式货车运输、罐式货车运输、冷藏车运输等。每种类型的车辆都有其特定的使用场景和功能。

二、公路交通运输的优缺点

（一）公路交通运输的优点

1.覆盖面广

公路交通运输的最大特点是覆盖面广。与铁路、航空等其他交通运输方式相比，公路交通运输能够深入城乡各个角落。无论是在繁华地段还是偏远地区，公路交通运输都能提供便捷的服务。此外，公路交通运输网络的发展也促进了不同地区之间的经济交流与合作，有助于推动区域经济的协调发展。

2.运输灵活

公路交通运输的灵活主要体现在以下几个方面：

①空间上的灵活。可以实现"门到门"运输服务。

②时间上的灵活。在货运方面，可以根据货主的需求随时进行运输；在客运方面，随着运输网点的发展及运输组织与管理水平的提高，旅客候车时间逐渐缩短，许多干线已实现"随到随走"。

③批量上的灵活。在各种运输方式中，公路运输的起运批量最小。

④运行条件的灵活。公路运输服务的范围不局限于高等级公路，还可延伸到等级外的道路，甚至可以辐射到乡村便道。

⑤服务上的灵活。既可自成体系，又可作为其他运输方式的衔接手段。

3.送达速度快

公路交通运输在空间和运行条件上的灵活性，使其可以深入工厂、矿山、车站、码头、村庄、城镇街道等，这一特点是其他运输工具所不具备的，这也使得公路交通运输在送达速度上有明显优势。

4.货损少，包装简便

因公路交通运输途中货物撞击少，加之一般没有中转装卸作业，所以货损相对较少。同时，公路交通运输对货物的包装要求较低，可以节约包装费用。

（二）公路交通运输的缺点

1.对环境和能源的依赖度较高

公路交通运输也存在一些局限性，其中最突出的是对环境和能源的依赖度较高。首先，公路交通运输的能耗相对较大，尤其是以汽油和柴油为动力的车辆，对石油资源的依赖程度较高。这不仅增加了能源供应的压力，也加剧了环境污染问题。其次，公路交通运输排放的废气和颗粒物也对环境造成了负面影响。为了实现可持续发展，政府应鼓励相关企业加大对新能源汽车的研发和应用力度，减少对传统石油能源的依赖。同时，要加强环保法规的制定和执行，推动公路交通运输行业的绿色发展。

2.受气候影响较大

与其他交通运输方式相比，如航空和铁路，公路交通更易受到天气变化的影响。暴雨、大雪、雾霾等恶劣天气条件可能导致道路封闭、交通拥堵，甚至增加交通事故发生的概率。此外，气候变化也可能对公路基础设施造成损害，如路面损坏、桥梁损坏等。因此，政府及相关部门需要充分考虑气候因素的影响，采取有效的应对措施，如加强路况监测和维护，以确保公路交通运输的安全和可靠。

3.需要持续投资

公路交通运输网络的维护、升级和扩展需要大量的资金投入。随着交通流量的增加，道路基础设施需要不断完善，以满足日益增长的运输需求。这包括建设新的道路、拓宽现有道路、改进交通信号系统以及加强道路安全设施建设等。此外，为了提高运输效率，政府及相关部门还需要投资研发新的交通运输系统和设备，如智能交通系统、电动汽车等。这些投资不仅有助于推动公路交通运输的可持续发展，也有助于促进整个社会的发展。

综上所述，公路交通运输具有覆盖面广、运输灵活、送达速度快、货损少、包装简便等优点，这些优点使得公路交通运输在人们的日常生活和经济社会发展中发挥着重要作用。同时，我们也应注意到公路交通运输对环境和能源的依赖度较高、受气候影响较大和需要持续投资等缺点，需要采取有效措施推动其绿色、可持续发展。

三、公路交通运输在综合交通运输体系中的地位

首先，公路交通运输在综合交通运输体系中占据着基础性地位。与其他交通运输方式相比，公路交通运输具有覆盖面广的特点，能够深入城乡各个角落，为人们提供便捷的出行和货物运输服务。这种基础性地位使得公路交通运输成为连接不同运输方式的纽带，能促进各种运输方式之间的协作与配合，共同构成一个高效、完善的综合交通运输体系。

其次，公路交通运输在综合交通运输体系中具有过渡性地位。公路交通的运输线路和运输工具相对灵活，能够根据市场需求和运输条件的变化作出快速响应。这种灵活性使得公路交通在应对突发事件、满足临时运输需求等方面具有显著优势。例如，在自然灾害或紧急状况下，公路交通运输能为抢险救灾工作提供有力支持。

最后，公路交通运输在综合交通运输体系中不可或缺。铁路、航空等其他运输方式虽然具有较强的运输能力和较高的运输效率，但在某些地区或特定条件下，其运输能力可能会受到限制。此时，公路交通运输能够发挥其补充和完善作用，填补其他运输方式的空白，确保综合交通运输体系的完整性和可靠性。

四、公路交通运输与其他交通运输方式的协同发展

为了实现公路交通运输与其他交通运输方式的协同发展,政府及相关部门需要加强各种交通运输方式之间的协作与配合。一方面,加强各种交通运输方式的衔接与转换,提高综合交通运输体系的整体运行效率。例如,加强公路交通与铁路、航空等其他交通方式之间的衔接,提高联运效率和服务水平。另一方面,加强各种交通运输方式之间的信息共享和协同管理,实现资源优化配置和高效利用。例如,建立综合交通运输信息平台、加强政策协调和规划统筹等,促进各种交通运输方式的协同发展。

第二节 公路交通运输的发展

一、公路交通运输的发展历程

(一)世界公路交通运输发展历程

1.古代公路交通运输

古代的公路交通运输主要依靠马车。最早的公路可以追溯到古埃及时代,当时为了修建金字塔,埃及人修建了世界上最早的石板路。随着罗马帝国的崛起,罗马人修建了庞大的道路网,为当时的军事、政治和经济交流提供了便利。

2.中世纪公路交通运输

中世纪的公路交通运输相对落后,主要是由于战争和政治动荡等原因,道路建设和维护工作受到很大影响。这一时期的欧洲,道路多为泥泞、坑洼的小

路，马车是主要的交通运输工具。

3.近代公路交通运输

随着工业革命的兴起，欧洲经济迅速发展，公路交通运输也得到了很大的发展。18世纪末，英国开始修建石板路和碎石路，提高了道路的通行能力和耐久性。随后，其他国家纷纷效仿，修建了自己的公路网。19世纪下半叶，汽车的发明为公路交通运输的发展带来了新的机遇和挑战。

4.现代公路交通运输

20世纪以来，随着汽车工业的迅速发展，公路交通运输进入了一个全新的阶段。高速公路的出现和普及，极大地提高了道路的通行能力和运输效率。同时，随着科技的不断进步，公路交通运输设施不断完善，交通管理手段也不断升级。如今，公路交通运输已经成为全球范围内最重要的交通运输方式之一。

（二）我国公路交通运输发展历程

我国公路交通运输的发展经历了多个阶段，其发展历程与国家经济、文化和科技的发展密切相关。

1.古代公路交通运输

我国古代的公路交通运输主要以驿道为主，最早可追溯到商周时期。驿道主要用于传递信息和信件，同时也承担着部分货物运输的功能。秦汉时期，我国修建了以都城为中心的辐射状驿道，如著名的"秦直道"。到了唐宋时期，驿道网络进一步扩大和完善，分别形成了以都城为中心，连接全国各地的重要通道。

2.近代公路交通运输

我国近代公路交通运输的发展始于20世纪初。随后，全国各地开始修建公路，但受制于政治、经济和技术条件，公路建设进程缓慢。

3.现代公路交通运输

中华人民共和国成立后，我国公路交通迎来了快速发展时期。20世纪50年代，我国开始进行大规模的公路建设，重点是建设国家级公路和省际公路。

到了20世纪80年代，随着改革开放的深入，我国公路交通建设进一步加速。1988年，沪嘉高速公路建成通车，这是我国第一条高速公路。此后，我国高速公路建设迅猛发展，我国成为世界上高速公路里程最长的国家。

二、公路交通运输的现状与发展趋势

（一）公路交通运输的现状

1.全球公路交通运输的现状

公路交通运输作为支撑经济发展的重要条件，近年来得到了迅速发展。但是，随着城市化的发展，许多城市的交通拥堵问题日益严重，影响了人们的出行效率和货物运输的时效性。随着全球经济的发展，公路交通运输的负荷也在不断增加。全球气候变暖加剧、能源紧张以及城市化进程的加快，使得公路交通运输面临着诸多挑战和变革的压力。大量的汽车、货车等交通工具在公路上行驶，给公路交通带来了巨大的压力。

从规模上看，全球公路交通运输网络已经形成庞大的体系。根据统计数据，全球公路总里程已达到数百万公里，覆盖了几乎所有的国家和地区。与此同时，公路运输能力也在不断提升，特别是在高速公路建设方面，许多国家都取得了显著成就。但是，由于公路交通运输的灵活性较强，其监管难度也相对较大。此外，公路交通运输的碳排放量也较高，对环境造成了一定的影响。

2.我国公路交通运输的现状

公路交通运输作为我国经济命脉的重要组成部分，近年来取得了举世瞩目的成就。随着国家基础设施建设的加速和经济发展水平的提高，公路交通运输网络不断完善，运输能力持续增强，为我国经济的快速发展提供了有力支撑。首先，从基础设施方面看，我国公路交通运输网络规模庞大、覆盖范围广泛。我国高速公路通车里程位居世界第一。此外，我国还拥有庞大的城市道路网络，为城市居民出行和货物运输提供了便捷的交通条件。其次，在运输能力方面，我国公路交通运输业发展迅速，运输能力不断提高。随着物流行业的快速发展，公路货运量逐年增长，公路客运也呈现出多样化、个性化的发展趋势。同时，随着城市化进程的加快和居民生活水平的提高，私家车数量大幅增加，公路交通出行需求旺盛。

（二）公路交通运输的发展趋势

随着科技的进步和社会需求的变化，公路交通运输正在经历前所未有的变革。在公路交通运输领域，智能化、绿色化和共享化已经成为未来发展的重要趋势。这些技术的应用将有助于提高公路交通运输的效率和安全、环保性能，为人们带来更加便捷、舒适的出行体验。

智能化公路交通运输的实现主要得益于信息技术、物联网、大数据和人工智能等技术的飞速发展。通过智能化改造，公路交通运输将实现更加高效、安全和便捷的运行。智能化在公路交通中的应用主要体现在以下几个方面：首先，智能交通系统的推广和应用将有效提高公路交通运输的效率。通过实时收集和处理交通数据，智能交通系统能够为管理部门和驾驶员提供更加准确的交通信息，帮助他们作出更合理的决策，从而减少道路拥堵和延误。其次，自动驾驶技术也在不断发展，有望在未来实现高度自动化的驾驶，进一步减少交通事故和保障出行安全。此外，借助大数据和人工智能技术，公路交通运输管理将变得更加精细化、个性化，能为公众提供更加个性化的服务。

绿色化公路交通运输是人们应对环境压力的必然选择。随着全球气候变化的加剧和人们环保意识的提高，公路交通运输的碳排放问题受到越来越多的关注。绿色化在公路交通运输中的应用主要体现在节能减排和环保两个方面。首先，电动汽车和氢燃料汽车等清洁能源车辆的推广将有助于减少公路交通运输的碳排放量，减少对环境的不利影响。政府可以出台相关政策，鼓励清洁能源车辆的使用和研发，建设充电站等基础设施，为绿色出行提供便利条件。此外，智能交通系统的应用，可以有效降低车辆的能源消耗，实现节能减排。例如，智能交通信号灯可以根据交通流量实时调整时长，能有效缓解交通拥堵情况，降低车辆的怠速油耗。

共享化公路交通运输也具有广阔的发展前景。共享单车、共享汽车等新型出行方式为人们提供了更加多样化的出行选择。通过共享化，人们可以更加高效地利用交通资源，减少不必要的车辆购置和闲置，从而缓解城市交通压力和减少环境污染。政府和社会资本可以共同参与建设共享交通基础设施，提供多样化的出行服务，以满足不同人群的需求。

综上所述，智能化、绿色化和共享化的公路交通运输具有广阔的发展前景。通过相关技术的应用和创新，我们可以推动公路交通运输的可持续发展，实现更加高效、安全和环保的出行。然而，我们也需要关注技术发展带来的问题，如数据安全、隐私保护、技术更新成本等。因此，在推动公路交通运输发展的过程中，各方需要共同努力，加强合作与协调，确保技术的合理应用和各方面的协调发展。

三、公路交通运输发展的作用

（一）积极作用

1.推动经济发展

首先，公路交通运输的发展直接推动了地区经济的增长。一方面，公路交通运输的发展使得地区之间的经济交流和合作变得更加频繁，加速了商品、服务和生产要素的流动，从而提高了市场效率和经济发展水平。另一方面，公路交通运输的发展也带动了一系列相关产业的发展，如物流、旅游、房地产等，这些产业的发展反过来又推动了地区经济的增长。

其次，公路交通运输的发展还创造了大量的就业机会。公路建设、车辆制造、物流运输、旅游服务等领域都需要大量的人力资源，这为社会提供了大量的就业机会。此外，随着新技术在公路交通运输领域的应用，还将创造更多的就业机会，促进人力资源的开发和利用。

最后，公路交通运输的发展还对优化资源配置、提高经济效益具有重要作用。优化公路交通网络布局，有助于实现资源的合理配置，降低生产和运输成本，提高整个交通系统的运行效率。同时，公路交通运输的发展还有助于降低市场交易成本，促进信息的流通和共享，从而推动经济的持续发展。

这里只是简要说明了公路交通运输的发展对经济发展的推动作用，下文将对其进行详细介绍。

2.促进社会发展

除经济效益外，公路交通运输的发展还具有显著的社会效益：

首先，公路交通运输的发展提高了人们的生活质量。随着公路交通网络的不断完善和出行条件的改善，人们出行更加方便快捷。这使得人们能够更加有效地安排自己的生活和工作，提高生活质量。

其次，公路交通运输的发展还有助于缩小城乡差距和区域发展差距。一方面，加强城乡之间的公路交通联系，能够促进城乡之间的经济交流和合作，推动农村地区的经济发展，缩小城乡发展差距。另一方面，公路交通运输的发展也有利于地区之间的协调发展，通过加强地区之间的联系和合作，能够实现资源的优化配置和经济的互补。

最后，公路交通运输的发展还有助于提高公共安全水平。完善的公路交通运输网络和先进的交通管理技术能够有效地减少交通事故的发生，保证人们的生命和财产安全。

3.提高物流效率

公路交通运输在物流体系中发挥着重要作用。公路交通运输的发展能够降低物流成本、缩短运输时间，提高整个物流体系的运行效率。

4.保障社会民生

公路交通运输的发展为人们提供了便捷的出行条件，有助于提高人民生活水平。在日常出行、旅游观光等方面，人们能够享受到更加舒适的运输服务。同时，公路交通运输的发展还为应急救援、医疗保障等社会公益事业的发展提供了支持与保障。

5.促进国际交流与合作

公路交通运输的发展有助于加强国际交流与合作。跨国公路的建设和完善能够促进国际贸易的发展、旅游业的繁荣以及文化交流的深入开展。

（二）消极作用

1.污染环境

公路交通运输在为人们提供便利出行条件的同时，也对环境产生了显著的影响。首先，汽车尾气中的二氧化碳、一氧化碳等会对空气质量造成严重影响，导致雾霾、酸雨等环境问题。其次，公路交通运输的噪声污染也不容忽视。车辆行驶过程中产生的噪声会对周围居民的生活产生干扰，影响人们的休息和工作。最后，公路交通运输还会对生态环境造成一定的影响，如占用土地资源、破坏自然景观等。

为了实现公路交通运输的可持续发展，政府及相关部门需要采取一系列措施来减少公路交通运输的发展对环境的负面影响。例如，前文提到的推广使用新能源汽车，减少传统燃油车的使用；加强交通管理，优化道路布局，缓解交通拥堵；采取降噪措施，减少车辆在行驶过程中产生的噪声对周围居民的干扰等。这些措施可以降低公路交通运输对环境的负面影响，实现经济和环境的协调发展。

2.消耗能源

公路交通运输发展的另一个消极作用是消耗能源。随着公路交通运输需求的不断增长，能源消耗量也在逐年增加。石油作为主要的能源来源，其供应压力和价格波动对公路交通运输的成本和运行稳定性具有重要影响。同时，能源消耗也伴随着排放问题，会对环境造成一定的负面影响。

为了降低公路交通运输的能源消耗，政府及相关部门需要采取一系列措施。首先，推广节能技术和设备，提高车辆能效和减少能源浪费；其次，开发可再生能源，减少对传统石油资源的依赖；最后，加强对能源的管理，优化能源利用结构，提高能源利用效率也是降低能源消耗的重要方式。

四、影响公路交通运输发展的因素

公路交通运输的发展受到多种因素的影响，这些因素相互作用，共同促进公路交通运输系统的完善。

（一）国家经济发展水平

公路交通运输的发展与国家经济发展水平密切相关。随着国家经济的增长，人们对公路交通运输的需求不断增加，因此政府和企业需要在公路建设过程中投入更多的资金，这有助于公路交通运输网络的完善。同时，公路交通运输网络的完善能够提高运输效率，降低物流成本，从而促进贸易和商业活动，这对于吸引投资、促进产业发展和经济增长至关重要。

（二）国家的政策法规

国家的政策法规对公路交通运输的发展具有重要影响。政府可以通过制定相关政策，如公路建设投资政策、运输管理政策等，引导和促进公路交通运输的发展。同时，国家的法律法规可以规范公路交通运输市场秩序，保障公路交通运输的可持续发展。

（三）科技创新能力

科技的创新是促进公路交通运输发展的重要力量。科技创新在提高公路建设质量、降低建设成本、提高运输效率、保障交通安全等方面发挥着重要作用。例如，新材料、新工艺、新设备的研发和应用，可以提高公路建设的效率；智能交通系统的研发和应用，可以提高公路运输的效率和安全性。

（四）环境保护意识

随着人们环境保护意识的提高，绿色公路交通运输成为未来的重要发展方向。国家越来越重视公路交通运输对环境的影响，对环保的要求也越来越高。这促使人们在建设和使用公路的过程中更加注重应用高新技术和清洁能源，以降低对环境的负面影响。

（五）社会需求变化

社会需求的变化也是影响公路交通运输发展的重要因素。随着城市化进程的加速和人口流动的加快，人们对公路交通运输的需求呈现出多元化、个性化的特点。为了满足这些需求，公路运输企业需要不断提升服务品质，改善人们的出行体验。

第三节 公路交通运输与经济发展

一、公路交通运输的经济属性

公路交通运输作为现代化经济体系的重要组成部分，具有显著的经济属性。这些属性不仅直接影响着国家或地区的经济发展，还在很大程度上决定了政府交通政策的选择和制定。因此，深入了解公路交通运输的经济属性，对于制定有效的交通政策、促进经济发展具有重要意义。

首先，公路交通运输的经济属性体现在公路交通运输的基础性和先导性上。公路是连接城乡、沟通不同地区的桥梁和纽带,是商品流通和人员往来的重要通道。这种基础性作用使得公路交通运输成为经济发展的先决条件,其发展水平直接影响着地区经济的繁荣程度。因此,在制定交通政策时,政府应高度重视公路交通运输的基础性地位,加大投入力度,完善公路交通运输网络,提高运输效率和服务水平。

其次,公路交通运输的经济属性还体现在其外部性上。公路交通运输的发展不仅会产生直接的经济效益,如促进物流、旅游等产业的发展,还会带来一系列的外部效益,如减少交通拥堵、提高道路安全性、改善环境质量等。这些外部效益虽然没有直接体现在市场交易中,但对人们幸福感的提升具有重要意义。因此,政府在制定交通政策时,应充分考虑公路交通运输的外部性,通过政策引导和市场机制相结合的方式,实现外部效益的内部化,提高公路交通运输的整体效益。

最后,公路交通运输的经济属性还与其可持续发展性密切相关。随着经济的快速发展和人口的不断增加,公路交通运输面临着越来越大的压力和挑战。为了实现公路交通运输的可持续发展,政府需要在政策选择上更加注重环境保护、资源节约和社会公平等方面的内容。例如,推广新能源汽车、加强智能交通系统建设、优化运输结构等,这些都是实现公路交通运输可持续发展的重要途径。

二、公路交通运输的发展对经济发展的推动作用

(一)促进地区间经济交流与合作

公路交通运输的发展对于地区间经济交流与合作具有积极的推动作用。

首先,公路交通系统的完善使得地区间的时空距离大大缩短,降低了经济活动的交易成本,促进了商品、服务和资本等生产要素在不同地区间的自由流

动。这使得各地区能够充分发挥自身的比较优势，实现资源优化配置，形成互利共赢的局面。

其次，公路交通运输的发展促进了地区间的产业分工与合作。通过构建完善的公路交通运输网络，各地区能够更好地融入全球运输链，加强产业上下游的合作，推动产业集群的形成与发展。这种产业分工与合作不仅有助于提高各地区的产业竞争力，还有助于提高整个国家的经济实力。

最后，公路交通运输的发展还促进了地区间的文化交流与融合。通过公路交通运输，各地区之间的文化交流加强，这有助于增进各地区的相互了解和认同，促进文化多样性的保护与发展。这种文化交流与融合对于地区间的经济合作与共同发展也具有重要的推动作用。

（二）加速农村经济发展与城镇化进程

公路交通运输的发展对于加速农村经济发展与城镇化进程也具有重要意义。

首先，公路交通运输的发展改善了农村地区的交通条件，提高了农产品的运输效率，降低了物流成本。这有助于增加农产品的市场竞争力，提高农民收入水平，促进农村经济的繁荣。同时，公路交通运输的发展还带动了农村旅游、手工艺等产业的兴起，为农民提供了更多的就业机会和增收途径。

其次，公路交通运输的发展有助于推动农村城镇化进程。公路交通运输的发展使得农村地区的人口和产业得以向城镇聚集，促进了城镇的规模扩张和功能完善。这种人口和产业的聚集效应有助于提高城镇的资源利用效率和整体竞争力，促进城乡协调发展。

最后，公路交通运输的发展还促进了城乡之间的互动与融合。通过便捷的公路交通，城乡之间的信息、技术、资本等要素得以有效流通，有助于缩小城乡发展差距、推动城乡一体化进程。这种互动与融合有助于提高整个国家的经济发展水平。

（三）优化产业结构，提高运营效率

公路交通运输的发展对优化产业结构、提高经营效率具有积极的推动作用。

首先，公路交通的便利使得地区内的生产要素得以自由流动，促进了产业结构的调整和优化。一些新兴产业得以迅速发展，传统产业也得以转型升级，这使得地区内的产业结构更加合理。

其次，公路交通运输的发展还提高了企业的经营效率。公路交通运输的智能化和信息化水平的提高，不仅为企业提供了更加高效的管理和运营手段，还使企业之间的合作与协同得以加强，从而进一步提高了企业的经营效率。

最后，公路交通运输的发展还促进了企业创新和科技进步。随着市场竞争的加剧和消费者需求的多样化，企业需要不断进行创新。公路交通运输的便利性为企业提供了更多的市场机会和技术交流平台，有助于推动企业进行科技创新和产品升级。

（四）提高区域竞争力与市场潜力

公路交通运输的发展对于提高区域竞争力和市场潜力也具有重要意义。

首先，公路交通运输的发展提高了各区域的连通性，使得各地区在物流、人流等方面具有更大的优势。这有助于吸引更多的投资和企业入驻，增强区域的经济实力和市场竞争力。

其次，公路交通运输的发展还扩大了市场的覆盖范围。通过便捷的公路交通，地区内的产品得以在更大范围内销售，扩大了市场份额。这不仅有助于提高企业的盈利能力，还有助于增强地区的品牌效应和知名度。

最后，公路交通运输的发展还促进了区域内的市场一体化进程。随着公路交通运输网络的不断完善，地区内的市场壁垒得以打破，统一的市场体系逐渐形成。这有助于促进资源的优化配置和市场的公平竞争，提高区域的整体竞争力。

三、经济发展对公路交通运输的影响

（一）经济发展水平决定公路交通运输发展规模与质量

经济发展水平是影响公路交通运输发展规模与质量的关键因素之一。随着经济的发展，国家财政收入增加，这为公路交通运输基础设施建设奠定了基础。同时，随着人们对物流和交通需求的增长，公路交通运输成为连接各地经济活动的重要纽带。因此，经济发展水平越高，公路交通运输发展规模越大，其质量也越高。

具体而言，经济发展水平较高的地区通常拥有更加完善的公路交通运输网络，包括高速公路、一级公路等高等级公路。这些高等级公路不仅提高了公路交通运输的连通性，还为地区内外的经济交流与合作提供了更加便捷的途径。同时，随着经济的深入发展，人们对公路交通运输的需求也逐渐从单纯的基础需求转向高品质需求，要求相关组织提供更加高效、舒适、安全的公路交通服务。

（二）经济发展推动公路交通运输技术创新与应用

经济的发展也在一定程度上推动了公路交通运输技术的创新与应用。随着科技的进步和市场需求的不断变化，传统的公路交通运输方式已经难以满足现代社会的需求。经济发展水平的提高促使企业和政府加大公路交通技术研发的投入，推动新技术、新工艺、新设备的出现和应用。

例如，智能交通系统是近年来快速发展的公路交通技术之一。该系统通过集成先进的信息技术、通信技术、控制技术等，实现公路交通运输的智能化和高效化调控。智能交通系统的应用可以提高道路通行效率、减少交通拥堵和交通事故等，为人们提供更加安全、便捷的出行服务。智能交通系统的推广和应用离不开经济的发展。

（三）经济发展引导公路交通运输需求结构变化

随着经济的发展，人们的出行和物流需求不断增加，同时需求结构也在发生变化。经济发展水平越高，人们对公路交通运输的需求就越高，要求也越具有多样化。同时，随着农村经济的发展和农业产业结构的调整，人们对农村公路的交通运输需求也在逐步增加。因此，经济发展引导公路交通运输需求结构的变化，要求公路交通运输系统不断优化和完善，以满足不同区域人们的需求。

由此可知，公路交通运输与经济发展之间存在着相互促进的关系。这种相互促进不仅体现为经济发展对公路交通运输的依赖，也体现为公路交通运输对经济发展的推动。我们必须充分认识并把握好这种相互促进的关系，用公路交通运输的发展推动经济的繁荣，以经济的繁荣促进公路交通运输的进一步发展。

四、公路交通运输与经济协调发展的策略

公路交通运输发展与经济发展之间存在着密切的互动关系，二者相互促进、相互制约。为了实现公路交通运输与经济的协调发展，政府及相关部门需要制定科学的发展策略。

第一，要加强公路交通运输基础设施建设。公路交通运输基础设施是经济发展的重要支撑，对于提高运输效率、降低运输成本、促进区域间经济合作具有重要意义。因此，政府应加大对公路交通运输基础设施建设的投入，提高公路网的覆盖率，特别是要加强农村地区的公路交通运输基础设施建设，打破交通运输瓶颈，促进区域经济的协调发展。

第二，要推动公路交通运输的智能化和绿色化发展。随着科技的进步和人们环保意识的提高，智能化和绿色化已经成为公路交通运输发展的重要趋势。推广智能交通运输系统、提高运输工具的能效和环保性能，可以降低公路交通

运输的能耗,减少对环境的负面影响,同时提高公路交通运输的效率和安全性。

第三,要加强公路交通运输与产业融合。公路交通运输与经济之间存在着紧密的关系,加强公路交通运输与其他产业融合,可以实现公路交通运输与经济的良性互动。例如,政府可以发展公路交通运输物流产业,推动公路交通运输与电子商务、制造业等产业的深度融合,形成高效、便捷的现代物流体系,为经济发展提供有力支撑。

第四,要优化公路交通运输的监管机制。公路交通运输的监管机制直接影响着公路交通运输的运行效率和服务质量。因此,政府需要建立健全公路交通运输的监管机制,加强公路交通运输的规划、建设、运营和维护管理,提高公路交通运输的服务水平和运行效率。同时,要加强对公路交通运输市场的监管,维护市场秩序和公平竞争,促进公路交通运输行业的健康发展。

综上所述,公路交通运输与经济发展之间存在着密切的互动关系。要想实现二者的协调发展,就需要制定科学的协调发展策略。加强公路交通运输基础设施建设、推动公路交通运输智能化和绿色化发展、加强公路交通运输与其他产业融合,以及优化公路交通运输监管机制等策略的实施,可以推动公路交通运输与经济的协调发展,为国家和地区的经济繁荣做出更大的贡献。

第二章　公路交通运输基础设施

第一节　公路交通运输基础设施的类型

一、道路基础设施

（一）道路基础设施的定义和功能

1.道路基础设施的定义

道路基础设施是指为了满足人们的出行和货物运输需求而建设的一系列道路交通设施。这些设施包括高速公路、城市道路、乡村道路等，它们是现代交通运输系统的重要组成部分，为人们的出行提供了必要的条件。

2.道路基础设施的功能

道路基础设施的功能主要有以下几个：

（1）出行和运输

道路基础设施的首要功能是为人们提供安全、便捷的出行条件。无论是城市内部还是城市之间的交通，都需要依靠道路基础设施来支撑。同时，道路基础设施也是货物运输的重要通道，保障了货物的快速、安全运输。

（2）促进经济发展

道路基础设施的建设和完善可以促进地区经济的发展。一方面，道路基础设施的建设可以带动相关产业的发展，如建筑业、制造业等；另一方面，良好的道路基础设施可以降低物流成本，提高企业的竞争力，从而促进企业的快速发展。

（3）加强地区内部与地区之间的联系和交流

道路基础设施的建设可以加强地区内部的联系，提高该地区人们的凝聚力和向心力。同时，道路基础设施的建设也可以加强地区之间的联系和交流。人们可以通过高速公路、城市道路等道路基础设施前往其他地区，促进不同地区之间文化、旅游、教育等各方面的交流。

（4）应急救援

道路基础设施在应急救援中发挥着重要作用。在自然灾害、事故灾难或者公共卫生事件发生后，良好的道路基础设施是救援队伍和物资快速到达现场的必备条件。快速、有效的应急救援可以减少人员伤亡和财产损失，能更好地保障人民的生命和财产安全。

（5）环境改善

良好的道路基础设施可以改善交通状况，缓解交通拥堵，降低空气污染。同时，合理的道路规划和建设也可以美化城市环境，帮助城市树立良好的形象。

（二）不同类型道路的特点和应用场景

道路基础设施作为支撑社会经济发展的重要基石，其多样性满足了各种不同的应用场景需求。不同类型道路具有各自独特的特点和应用场景，为人们的出行和货物的流通提供了灵活多样的选择。下面对几种常见的道路类型进行详细介绍：

1.高速公路

高速公路是一种专为高速行车设计的道路，通常具有双向四车道或更多车道，并设有较高的速度限制。高速公路的特点是通行能力强、行车速度快、运输效率高。它们主要应用于长途旅行、货运。高速公路是城市间的重要交通干线，缩短了城市与城市之间的距离，为人们提供了便捷的出行方式。例如，连接北京和上海的高速公路，使得人们在两地之间的行程时间大大缩短，方便了人们的商务和旅游出行。

2.城市道路

城市道路是城市内部的主要交通网络，包括主干道、次干道和支路等不同等级的道路。城市道路的特点是交通流量大、车速相对较低、行人及非机动车较多。它们主要应用于城市内部的出行，是城市居民日常生活的重要基础设施。此外，城市道路的建设和改造还能够改善城市的交通状况，提高居民的生活质量。

3.乡村道路

乡村道路是为了满足农村和偏远地区人们的交通需求而建设的道路。它们通常路面较窄、路况较差，但为农村地区提供了基本的出行和运输条件。乡村道路主要应用于农业生产、旅游景点之间的连接以及农村居民的日常出行。建设乡村道路，可以促进农村经济的发展和旅游业的繁荣。

（三）道路网络的发展趋势

道路网络作为公路交通运输的核心组成部分，其布局和发展趋势对于整个交通系统的运行效率和发展方向具有重要的影响。随着城市化进程的加速和区域经济的协同发展，道路网络的发展趋势也在不断变化，具体如下：

第一，城市道路网络的布局正朝着更加科学、合理的方向发展。为了解决城市道路交通拥堵问题，许多城市开始加强城市道路的规划和建设，注重提高道路网络的整体连通性和覆盖率。同时，城市道路网络的建设也更加注重人性化设计，为行人提供更加安全、便捷的出行条件。例如，建设人行天桥、地下通道等设施，增加公共交通站点和自行车停放点等，以促进绿色出行和低碳交通的发展。

第二，乡村道路网络的发展受到越来越多的关注。随着农村经济的发展和农业现代化的推进，乡村道路网络的建设成为促进农村发展的重要支撑。政府加大了对乡村道路的投入力度，加强了对乡村道路进行改造升级的工作，提高了乡村道路的通行能力和运输效率。这不仅方便了农村地区人们的生产和生活，也为农村地区的旅游开发和经济发展提供了基础条件。

第三，跨区域道路的发展也是道路网络发展的重要趋势之一。随着区域经济的协同发展，跨区域道路网络的建设成为促进地区间经济联系和交流的重要方式。同时，跨区域道路网络的建设也促进了物流业的发展，提高了货物的流通效率。

二、桥梁和隧道

（一）桥梁的种类、结构和设计要求

桥梁可以根据其结构形式、跨度、材料等多种条件进行分类。常见的主要有梁桥、拱桥、悬索桥和斜拉桥等。每种类型的桥梁都有其独特的特点和应用场景。

梁桥是最简单、最普遍的一种桥梁形式，其结构简单、施工方便，适用于各种跨度的河流和道路交叉口。梁桥的主梁一般采用钢和混凝土等材料制成，根据跨度的大小和荷载的要求，可以采用单梁或多梁的结构形式。

拱桥是一种将压力转化为拱推力的桥梁形式，其造型优美、跨越能力强，适用于大跨度的桥梁建设。拱桥的主要结构包括拱圈、拱上结构和墩台等，根据不同的材料和设计要求，可以分为多种类型，如石拱桥、混凝土拱桥和钢拱桥等。

悬索桥是以通过索塔悬挂并锚固于两岸（或桥两端）的缆索（或钢链）作为上部结构主要承重构件的桥梁，具有跨越能力强、结构轻盈、美观的特点，适用于大跨度的河流和海湾。悬索桥的主要结构包括主缆、吊索和索塔等，其

设计需要综合考虑桥梁的跨度、荷载和施工条件等因素。

斜拉桥是一种将拉索斜挂在桥塔上的桥梁形式,其结构稳定、跨越能力强,适用于各种类型的河流和道路交叉口。斜拉桥的主要结构包括主梁、斜拉索和桥塔等,其设计需要综合考虑桥梁的跨度、荷载和美学要求等因素。

在设计桥梁时,相关人员需要考虑多种因素,包括桥梁的跨度、荷载、施工条件、材料和成本等。此外,还需要考虑桥梁的美学要求和环境保护要求,以确保桥梁的建设既能满足功能需求,又能与周围环境相协调。

(二)隧道的类型和建造技术

隧道是公路交通运输中的另一种重要基础设施。隧道的类型可以根据其用途、规模、结构形式等进行分类。按用途分,有交通隧道、水工隧道、市政隧道等;按规模分,有特长隧道、长隧道、中短隧道等;按结构形式分,有山岭隧道、水下隧道、城市隧道等。不同类型的隧道在设计和施工过程中需要考虑的因素也不同。

隧道的建造技术是保障隧道质量和安全的关键。隧道的建造主要包括开挖、支护、衬砌、排水等工序。开挖可以采用钻爆法、盾构法、掘进机法等,支护可以采用钢支撑、混凝土支撑、锚杆支撑等,衬砌可以采用混凝土衬砌、钢筋混凝土衬砌等,排水则需要相关人员设计完善的排水系统。

在隧道的建造过程中,相关人员还需要考虑地质勘查、施工监测、环境保护等因素。地质勘查是隧道设计的基础,设计人员需要准确了解隧道穿越地层的岩性、地质构造等信息;施工监测则是确保施工安全和质量的重要手段,通过实时监测,相关人员可以及时发现和解决施工过程中存在的问题;环境保护则是相关人员考虑的重要因素,需要采取一定的措施以减少施工对周边环境的影响。

隧道的建造技术需要综合考虑安全、质量、工期和成本等因素。近年来,随着科技的进步,隧道建造技术也在不断发展。例如,盾构法的应用提高了隧道施工的自动化程度和安全性；掘进机法的应用则提高了隧道施工的效率和精度。此外，数字化技术和智能化技术的应用也为隧道建造提供了新的问题解决方案。

（三）桥梁和隧道的维护与管理

桥梁和隧道作为公路交通运输中的重要基础设施，其维护和管理对于确保道路交通的安全和顺畅至关重要。有效的维护和管理可以延长桥梁和隧道的使用寿命，减少潜在的安全隐患，降低运营成本。

桥梁的维护和管理包括定期检查、维修和加固等。定期检查是维护和管理工作的基础，通过定期对桥梁进行检查，相关人员可以及时发现潜在的问题。根据检查结果，相关人员可以进行必要的维修和加固工作，例如修复裂缝、更换损坏的部件等。此外，还需要对桥梁的通行荷载进行管理，防止超载车辆对桥梁造成损害。

隧道的维护和管理包括定期检查、清洁、维修等。由于隧道通常处于较为封闭的环境中，其维护和管理工作更加重要。相关人员需要定期对隧道进行检查，确保其结构安全和设施完备。隧道的清洁也是一项重要的维护工作，相关人员需要定期清理隧道内的积水和垃圾，防止隧道堵塞。对于隧道的照明、通风等设施，相关人员也需要进行定期维修，确保其正常运行。

为了提高桥梁和隧道的维护和管理水平，相关企业需要加强对相关人员的培训。通过培训，维护和管理人员的技能水平和工作效率能有所提高，从而能更好地保证桥梁和隧道的安全性。

三、交通控制系统

（一）红绿灯系统

交通控制系统是公路交通运输系统中的重要组成部分，其设计目的是确保道路交通的有序、安全和顺畅进行。红绿灯系统作为交通控制系统中的基础组成部分，在交通运输系统中发挥着至关重要的作用。

红绿灯系统是一种简单的交通控制系统，其通过红、黄、绿三种颜色的信号灯对车辆和行人的通行进行控制。红灯表示禁止通行，黄灯表示警示，绿灯表示允许通行。在道路交叉口或重要的交通节点，通常会设置红绿灯系统，以便对车辆和行人的通行进行合理的控制。

红绿灯系统的运行原理比较简单，通过合理设置红绿灯的时间和切换规则，可以有效地调节、控制车流和人流的通行，减少交通拥堵和事故的发生。同时，红绿灯系统也是一种非常有效的交通管理手段，可以帮助交通管理部门对道路交通进行监控和管理。

然而，红绿灯系统也存在一些局限性。例如，对于大型路口或高流量路口，相关部门只依靠红绿灯系统可能无法满足交通需求，还需要配合其他交通管理手段。此外，随着城市化进程的加快，人们的交通需求不断增加，因此，传统的红绿灯系统也需要不断升级和改造，以满足新的交通环境和管理需求。

（二）智能交通系统

智能交通系统是现代交通控制系统的重要发展方向，其目的是通过应用先进的信息技术和管理手段，提高道路交通的安全性和运输效率。

智能交通系统综合运用了通信、传感器、计算机、人工智能等技术，实现了对道路交通的实时监测、数据分析和优化控制。通过在道路、车辆和交通管理中心之间建立有效的信息传输和交互机制，智能交通系统能够提供各种智能化服务,如交通信号灯的智能控制、交通拥堵的预警和疏导、车辆行驶的智能导航等。

智能交通系统的应用对于提高道路交通的安全性和运输效率具有显著作用。一方面,通过对道路交通进行实时监测和数据分析,智能交通系统可以及时发现和处理交通异常情况,减少了交通拥堵和交通事故。另一方面,智能交通系统可以通过实时监测和数据分析,自动调整红绿灯的运行时间和切换规则,实现更加精细化的交通管理。这可以有效地优化交通,提高道路的通行能力和运输效率。

此外,智能交通系统还能够为公众提供更加便捷、个性化的交通服务。例如,智能导航系统可以根据实时路况和交通信息为驾驶员提供最优的行驶路径和建议,提高出行效率。同时,通过手机应用程序等方式,公众可以方便地获取各类交通信息,为出行提供便利。

然而,智能交通系统的建设和应用也面临着一些挑战。首先,技术难度较大,需要整合多种先进的信息技术和管理手段,实现不同系统之间的互联互通和协同工作。其次,建设成本较高,需要投入大量的资金和资源进行系统的研发、建设和维护。最后,数据安全和隐私保护问题也需要重点关注,着重解决。

为了推动智能交通系统的广泛应用和可持续发展,政府可以制定相关政策和标准,为智能交通系统的建设提供指导和支持。同时,相关企业还需要加强技术研发和创新工作,不断探索和应用新的信息技术和管理手段,提高智能交通系统的稳定性。

(三)交通监控和应急管理系统

交通监控和应急管理系统是交通控制系统的重要组成部分,主要用于监控道路交通状况,及时发现和处理交通事故,保障道路交通的安全和顺畅。

交通监控系统通过在道路上设置各种监控设备,如摄像头、传感器等,实时监测道路交通状况,收集交通数据和信息。这些数据和信息经过处理和分析后，可以用于监测交通流量、车速、拥堵情况等，帮助交通管理部门及时了解道路交通状况，为交通调度提供依据。

应急管理系统则是在发生交通事故或其他紧急情况时，用于快速响应和处理的一种系统。通过与公安、消防、医疗等部门的合作，应急管理系统可以实现快速报警、事故现场的紧急处置、救援力量的调度和协调等功能。同时，应急管理系统还可以利用道路监控系统提供的实时信息，快速了解事故现场的情况，为救援和处置提供支持。

交通监控和应急管理系统的建设和应用对于提高道路交通的安全性和效率具有重要作用。一方面，通过实时监测和数据分析，相关部门可以及时发现和处理交通异常和事故，减少交通拥堵的情况。另一方面，快速响应和处理交通事故和其他紧急情况，可以减少人员伤亡和财产损失，更好地保障公众的生命和财产安全。

然而，交通监控和应急管理系统的建设和应用也面临着一些挑战。例如，技术难度较大、建设成本较高、数据安全和隐私保护问题等。

为了加强交通监控和应急管理系统的建设和应用，需要采取以下措施：第一，政府应该加大对公路交通运输基础设施建设的投入力度，提高公路交通运输系统的覆盖率和智能化水平。第二，需要加强跨部门合作和信息共享，实现不同系统之间的协同工作。第三，需要加强公众宣传和教育，提高公众的交通安全意识和应急处理能力。

四、交通配套设施

（一）停车场系统

交通配套设施是公路交通运输基础设施的重要组成部分，主要用于满足车辆和行人的基本需求，提高交通运行效率和安全性。其中，停车场系统是交通配套设施中的重要一环。

停车场系统是指在城市中设置的各类停车场,包括路边停车场、室内停车场等。这些停车场主要用于满足人们停放车辆的需求,为城市交通提供便利。

随着城市化的快速发展和人们生活水平的提高,停车难问题逐渐凸显出来。因此,建立完善的停车场系统对于缓解城市交通压力、提高交通运行效率具有重要意义。

首先,停车场系统能够为车辆提供安全的停放场所。无论是路边停车场还是室内停车场,都需要有相应的安全措施和管理制度,确保车辆安全。同时,合理的停车位设计和布局也能够减少车辆的剐蹭和碰撞事故。

其次,停车场系统的建设能够缓解城市交通压力。随着城市人口和车辆数量的增加,道路交通压力越来越大。如果车辆随意停放,会占用道路空间,加剧交通拥堵。建立完善的停车场系统,让车辆有序停放,能够释放道路空间,减轻交通压力。

最后,停车场系统还能够提高交通运行效率。有序的停车管理能够降低交通事故的发生率,提高交通流畅度。

为了建设高效、安全的停车场系统,需要采取以下措施:第一,政府应该加大对停车场系统建设的投入力度,合理增加停车场的数量和面积。第二,需要制定合理的停车管理制度和管理措施,规范停车行为。第三,还需要加强停车场的智能化建设,提高停车服务水平和管理效率。第四,需要加强宣传教育,提高公众的交通法规意识。

(二)加油站和充电站

随着社会的发展和科技的进步,汽车已成为人们出行的主要交通工具之一。然而,汽车的能源需求也随之增加。为了满足这一需求,加油站和充电站应运而生,成了公路交通运输基础设施的重要组成部分。

加油站主要服务于燃油汽车。它们为汽车提供燃油,确保车辆能够正常行驶。在现代社会，加油站已成为公路交通运输不可或缺的基础设施之一。它们通常设置在交通枢纽、高速公路沿线等关键位置，以便为过往车辆提供便利服务。

随着新能源汽车的普及，充电站也逐渐发展起来。与加油站不同，充电站主要为电动汽车、混合动力汽车等新能源汽车提供电力能源。充电站通过为车辆充电，满足其行驶需求。为了支持新能源汽车的发展，各国政府纷纷加大对充电站建设的投入力度，推动其普及和升级。

加油站和充电站的建设对于公路交通运输具有重要意义。首先，它们为车辆提供了可靠的能源供应，确保了车辆的正常运行。其次，加油站和充电站的建设也有助于推动相关产业的发展。例如，加油站需要采购和储存大量燃油，而充电站需要采购和储存大量电力。这些需求促进了相关产业的发展，并且为社会创造了更多的就业机会。

然而，加油站和充电站的建设和管理也面临着一些挑战。例如，如何确保能源供应的稳定性和安全性、如何提高服务效率和管理水平等。此外，随着新能源汽车的普及，充电站的建设和管理也需要不断适应新的市场需求。

为了更好地发挥加油站和充电站在公路交通运输中的作用，需要采取以下措施：首先，政府应加大对相关基础设施建设的投入力度，提高其覆盖率。其次，应加强行业管理，确保服务质量。最后，还应鼓励相关企业进行技术创新，以提高能源利用效率。

（三）公共交通设施（公交车站、地铁站等）

公共交通设施是公路交通运输基础设施的重要组成部分，主要用于满足公众出行需求，提高城市交通运行效率。其中，公交车站和地铁站是最常见的公共交通设施。

公交车站是城市中最为常见的公共交通设施之一，主要服务于公交车。它们为乘客提供了一个方便的上下车地点。公交车站通常设置在人流量较大的地方，如商业区、住宅区、学校附近等。它们的设计和布局应该合理，以便乘客能够快速找到并乘车。

地铁站则是一种更为现代化的公共交通设施，主要用于满足城市快速交通的需求。它们通常位于城市中心或交通枢纽地带，连接着城市的各个角落。地铁站的设计和建设需要考虑人流量、安全性和便利性等因素。地铁站内部通常设有站台、售票处、安检设备等，以便乘客能够安全、快速地进出车站。

公共交通设施的建设对于城市交通具有重要意义。首先，它们为公众提供了方便的出行方式，使公众减少了私人车辆的使用，从而缓解了城市交通压力。其次，公共交通设施的建设还有助于推动城市的可持续发展。鼓励人们乘坐公共交通工具，可以减少空气污染和能源消耗，促进城市的绿色发展。

为了建设高效、安全的公共交通设施，需要采取以下措施：首先，政府应该加大对公共交通设施建设的投入力度，提高其覆盖率和便利性。其次，需要加强对公共交通设施的管理和维护工作，确保其正常运行和安全使用。最后，还需要加强宣传教育，提高公众对公共交通设施的利用率。

五、安全设施

（一）安全护栏和标线

安全设施是公路交通运输基础设施中不可或缺的一部分，主要用于保障道路使用者的安全，减少交通事故的发生。其中，安全护栏和标线是最常见的安全设施。

安全护栏是设置在道路两侧或者中央的分隔带，主要作用是防止车辆失控后冲出路面，减少交通事故造成的损失。安全护栏一般采用钢材或者混凝土制成，其设计需要根据道路的具体情况而定，如道路宽度、车流量、车辆行驶速度等。在高速公路上，安全护栏通常会配备反光标线或者反光板，以提高在夜间或者恶劣天气下的能见度。

标线则是涂在路面上的各种线条和标记，主要作用是规范驾驶员的行驶行为，提高道路的通行效率，减少交通事故的发生。例如，车道线用于划分不同车道的边界，禁止车辆跨越；斑马线则是引导行人安全穿过马路的线。

安全护栏和标线作为常见的安全设施，对于保障道路使用者的安全具有重要意义。首先，它们能够提高道路的通行安全性。安全护栏和标线可以规范驾驶人员的行驶行为，减少交通事故的发生，保护人们的生命和财产安全。其次，它们能够提高道路的通行效率。规范化的车道划分和行驶指示可以减少道路的拥堵，提高道路的通行效率。

然而，安全护栏和标线的设置和管理也需要一定的投入和维护。首先，政府需要加大对安全设施的投入力度，提高其覆盖率和质量。其次，需要定期对安全设施进行检查和维护，确保其正常使用。最后，需要加强宣传教育，提高公众对安全设施的认识和重视程度。

（二）紧急救援站点

在公路交通运输系统中，安全始终是最为重要的因素。除上述的安全护栏和标线外，紧急救援站点也是保障道路使用者生命安全的重要安全设施。

紧急救援站点通常设立在高速公路或者交通繁忙的道路上，以便在发生交通事故后能够迅速进行救援。这些站点不仅配备有专业的救援人员，还有专门的救援设备，如灭火器、急救包、拖车等，以便能够应对各种紧急情况。同时，紧急救援站点还需要与当地的医院、消防站等机构建立紧密的合作关系，确保其在紧急情况下能够随时进行救援。

一些高科技设备，如无人机、智能机器人等也逐渐被应用于救援现场，提高了救援的效率和安全性。

紧急救援站点的设置对于保障道路使用者的生命安全具有重要意义。首先，紧急救援站点能够提供及时的救援服务。在发生交通事故后，及时的救援能够最大限度地减少人员伤亡和财产损失。其次,紧急救援站点能够提高救援的效率和质量。专业的救援人员能够迅速应对各种紧急情况,提供专业的救援服务。

为了确保紧急救援站点的有效性,需要采取一系列措施:首先,政府需要加大对紧急救援站点的投入力度,提高其覆盖率。其次,需要定期对站点进行检查和维护,确保其能正常使用。最后,需要加强宣传教育,提高公众对紧急救援站点的认识,以便发生紧急情况时向其求助。

第二节　公路交通运输基础设施规划

一、基础设施规划的基本理论

(一)规划的目的和意义

公路交通运输基础设施规划是对未来公路交通发展的设想和布局。以下是公路交通运输基础设施规划的目的和意义:

1.满足经济和社会发展需求

随着经济和社会的不断发展,公路交通运输需求不断增加。为了满足这种需求,相关部门需要建设和完善公路交通运输基础设施。通过规划,相关部门可以预测未来的交通需求,提前建设相应的公路交通运输基础设施,确保经济和社会的正常发展。

2.提高公路交通运输效率

合理的公路交通运输基础设施规划可以提高公路交通运输的效率。通过规划,相关部门可以优化公路网络的布局,减少交通拥堵情况的发生,提高公路交通运输的速度和可靠性。这不仅可以降低物流成本，还可以提高人们出行的舒适度和便捷性。

3.保障公路交通安全

公路交通安全是公路交通运输基础设施规划需要重点考虑的因素。通过规划，相关部门可以设计和建设安全可靠的公路交通运输基础设施，减少交通事故的发生，还可以加强对公路交通运输的管理和监督，提高公路交通运输的安全性和可靠性。

4.促进区域经济协调发展

公路交通运输基础设施是区域经济发展的重要支撑。通过规划，相关部门可以优化区域内的交通布局。科学的交通布局不仅能促进区域内的贸易往来，还可以促进区域间经济的协调发展。

5.推动社会可持续发展

合理的公路交通运输基础设施规划有助于相关部门综合考虑环境、经济和社会因素，确保公路交通运输的发展不会对环境造成不良影响，同时还可以推动经济和社会的可持续发展。

综上所述，公路交通运输基础设施规划的目的和意义在于满足经济和社会发展的需求，提高公路交通运输的效率和安全性，保障公路交通安全，促进区域经济协调发展，推动社会可持续发展。相关部门应该重视公路交通运输基础设施规划工作，确保其科学性和可行性，为经济和社会的发展提供有力支撑。

（二）规划的原则与步骤

相关部门需要遵循一定的原则，并按照一定的步骤进行公路交通运输基础设施规划，以确保规划的科学性和可行性。

1.规划原则

（1）需求导向

规划应满足经济和社会发展的需求，特别是交通运输需求。通过对交通运输需求的预测和分析，相关部门可以确定公路交通运输基础设施的类型、规模和布局。

（2）效率优先

提高公路交通运输的效率和安全性是相关部门制定规划的重要目标。因此，相关部门在制定规划时应注重优化公路网络结构，以减少交通拥堵情况的发生，提高公路交通运输的可靠性。

（3）可持续发展

相关部门应考虑环境、经济和社会的可持续发展要求。在满足交通运输需求的同时，应保护生态环境，促进经济发展，增强人民群众的幸福感。

（4）经济可行

相关部门应考虑建设成本和运营效益。在确保公路交通运输基础设施的功能性和安全性的同时，应尽可能降低建设和运营成本。

2.规划步骤

（1）需求分析

通过对经济和社会发展需求、交通需求等方面的分析，相关部门确定公路交通运输基础设施的需求量和布局。

（2）技术分析

根据需求分析的结果，相关部门进行技术可行性研究，包括工程地质勘察、水文气象分析等，以确保建设方案的合理性和可行性。

（3）规划方案设计

根据需求分析和技术分析的结果，相关部门进行公路交通运输基础设施的规划方案设计，包括路线走向、桥梁隧道设计、交叉口设计等。

（4）环境影响评估

对规划方案进行环境影响评估，包括生态保护、水土保持、噪声污染等方面的影响评估，并采取相应的环保措施。

（5）社会经济评估

对规划方案进行社会经济评估，包括投资估算、经济效益预测等，以保证规划方案的可行性。

（6）实施与监测

根据规划方案，进行公路交通运输基础设施的建设和运营管理，同时对实施效果进行监测和评估，以确保规划目标的实现。

综上所述，公路交通运输基础设施规划的原则和步骤是确保规划科学性和可行性的重要保障。在实际操作中，相关部门应根据具体情况进行具体分析和研究，制定符合当地特色的公路交通运输基础设施规划方案。

（三）规划的层次

公路交通运输基础设施规划的层次可以分为国家、区域和地方三个层面。下面对这三个层面的规划进行详细分析：

1.国家层面的规划

国家层面的规划是最高层次的规划，它主要关注全国范围内的公路交通运输发展情况，以及公路交通运输与其他交通运输方式的协调发展。相关部门制定这一层面规划的主要目的是合理规划全国范围内的公路交通网络，以满足国家经济发展的需要，提高国家的整体竞争力。同时，还要考虑国家的环境保护、资源利用等方面的战略需求。

2.区域层面的规划

区域层面的规划主要关注某一特定区域内的公路交通运输发展情况，包括城市群、经济区等。在进行这一层次的规划时，相关部门需要考虑区域内的人口分布、经济发展水平、土地利用等因素，以优化区域内的公路交通布局，促进区域内的经济发展。同时，还需要考虑该区域与周边区域的协调发展，避免出现交通拥堵和资源浪费等问题。

3.地方层面的规划

地方层面的规划是最具体的规划层次，它主要关注某一特定地区内的公路交通运输发展情况，包括城市、乡镇等。在进行这一层次的规划时，相关部门需要考虑地方的特点和需求,以满足当地居民和企业的交通运输需求为主。同时,还需要考虑地方的环境保护、城市规划等方面的要求。在这一层面,规划的具体实施方案会更加详细,通常会涉及具体的建设项目和投资计划。

二、各类基础设施布局规划

(一)交通枢纽规划

交通枢纽是公路交通运输网络中的重要节点,它承担着货物和旅客的集散、中转等任务。因此,交通枢纽规划对于整个公路交通运输网络的布局和运输效率具有重要意义。

1.交通枢纽的类型

交通枢纽可以根据其功能和特点的不同分为不同的类型,如铁路公路联运枢纽、公路货运枢纽、公路客运枢纽等。不同类型的交通枢纽承担着不同的任务,具有不同的作用,因此相关部门在进行规划时需要考虑其功能和特点。

2.交通枢纽的选址

交通枢纽的选址是交通枢纽规划的重要环节。相关部门需要考虑多方面的因素,如地理位置、交通条件、土地资源、经济发展等。一般来说,交通枢纽应建在交通网络中的节点位置,方便货物的集散和中转。

3.交通枢纽的规模和布局

交通枢纽的规模和布局是交通枢纽规划的关键环节。相关部门需要根据交通流量、运输需求等因素对其进行科学合理的规划。一般来说,交通枢纽的规模应满足货物和旅客的中转需求,同时还要考虑未来的发展需求。在布局上,应根据交通流向和流量分布,合理设置货场、客运站等设施,提高交通枢纽的运行效率。

4.交通枢纽的配套设施

交通枢纽的配套设施是提高其运行效率必不可少的部分。这些设施包括道路、停车场、加油站、维修设施等。在规划时,相关部门需要根据交通枢纽的特点和功能,合理设置配套设施,以满足公路交通运输的基本需求。

(二)道路网络规划

道路网络规划是公路交通运输基础设施布局规划的核心内容,它旨在构建一个结构合理、功能完善、高效安全的道路网络,以满足经济和社会发展的需要。

1.道路网络规划的原则

道路网络规划应遵循以下原则:一是系统性原则,即规划时应将道路网络作为一个整体系统来考虑,注重各组成部分之间的协调和配合;二是前瞻性原则,即规划时应充分考虑未来交通运输需求的发展趋势,为未来的交通运输发展预留空间;三是经济性原则,即规划时应充分考虑建设成本和运营效益,避免盲目追求规模和速度。

2.道路网络规划的层次

道路网络规划可以分为国家级、区域级和地方级三个层次。国家级道路网络规划主要关注国家范围内的道路网络布局和交通发展战略;区域级道路网络规划主要关注某一特定区域内的道路网络布局和交通发展情况;地方级道路网络规划主要关注某一特定地方内的道路网络布局和交通发展情况。

3.道路网络规划的内容

道路网络规划的内容主要包括以下几个方面:一是确定道路网络的发展目标和战略定位;二是分析交通需求和发展趋势;三是确定道路网络的布局和结构;四是确定道路网络的等级和标准;五是制定道路网络的建设方案。

4.道路网络规划的方法

道路网络规划的方法主要包括定性和定量两种。定性的方法主要有专家咨询、案例分析等，对道路网络的规划进行宏观指导，并提出方向性建议；定量的方法主要是通过数学模型、仿真模拟等方式，对道路网络的规划进行具体分析和精确预测。在实际操作中，相关部门应根据具体情况选择合适的方法，以保证道路网络规划的科学性和可行性。

（三）物流节点规划

物流节点也是公路交通运输网络中的重要节点，是实现货物高效、安全运输的重要保障。物流节点规划的主要目的是优化物流节点的布局，提高物流运输效率，降低物流成本。

1.物流节点类型

物流节点主要包括货运枢纽、物流园区、配送中心等。不同类型的物流节点承担着不同的任务，如货运枢纽主要承担货物集散和中转的任务，物流园区则提供货物仓储、加工、配送等一体化服务。因此在进行规划时，相关部门需要根据实际情况选择合适的物流节点类型。

2.物流节点选址

物流节点的选址是物流节点规划的重要环节。相关部门需要考虑多方面的因素，如交通条件、土地资源、市场需求等。

3.物流节点规模和布局

物流节点的规模和布局是物流节点规划的关键环节。相关部门需要根据货物运输需求、物流运作模式等因素对其进行科学合理的规划。在规模上，应根据预测的物流需求来确定；在布局上，应根据交通流向和流量分布情况，合理设置仓库、堆场、加工区等，提高物流运输效率。

4.物流节点配套设施

物流节点的配套设施是实现高效、安全的物流运输必不可少的部分。这些设施包括道路、装卸设备、信息管理系统等。在进行规划时，相关部门需要根据物流节点的特点，合理设置配套设施，提高物流运输效率。

5.物流节点绿色发展

随着人们环境保护意识的提高，绿色发展已成为各行各业的重要发展方向。在进行物流节点规划时，相关部门应注重绿色发展，采取节能减排措施，减少对环境的负面影响。例如，可以推广使用清洁能源运输工具、建立废弃物处理系统等。

三、公路交通运输基础设施建设标准与设计

（一）基础设施建设标准

基础设施建设标准是确保公路交通运输基础设施质量和安全的重要依据。以下是对公路交通运输基础设施建设标准的详细分析：

1.道路等级标准

道路的等级是根据道路的功能和使用要求划分的，不同等级的道路有不同的设计标准和建设要求。在我国，公路等级可以分为高速公路、一级公路、二级公路、三级公路和四级公路。不同等级的公路在车速、车道数、通行能力等方面都有不同的要求。

2.桥梁承载标准

桥梁承载能力是衡量桥梁质量的关键指标。桥梁承载标准主要考虑桥梁的跨度、荷载、类型等因素。在设计时，相关部门应根据桥梁的使用要求和交通状况，选择合适的桥梁类型和材料，确保桥梁的承载能力符合桥梁承载标准。

3.交通设施标准

交通设施是保障道路交通安全和顺畅的重要设施，包括交通标志、标线、信号灯等。各种交通设施的设计，如标志的尺寸、颜色、字体，标线的颜色、宽度、间隔，信号灯的颜色、亮度和闪烁频率等都应符合相关标准和规范。

（二）基础设施设计原则与要点

1.设计原则

公路交通运输基础设施的设计是决定其功能、安全、效率和使用寿命的关键因素。为了确保公路交通运输基础设施的质量和效益，相关部门需要遵循以下设计原则：

（1）安全性原则

安全性是公路交通运输基础设施设计的首要原则。设计时，应充分考虑各种可能出现的交通状况，采取有效的安全措施，如设置安全护栏、标线、警示标志等，确保行车安全。

（2）功能性原则

公路交通运输基础设施的设计应满足其使用功能的要求。对于公路来说，设计应确保道路的宽度、坡度、转弯半径等参数符合车辆行驶的要求，同时要考虑排水、防滑等具体要求。

（3）可持续性原则

公路交通运输基础设施的设计应考虑可持续性，确保其长期效益，这包括对环境的影响、资源利用的效率、未来发展的可能性等。例如，在设计时应尽量减少土地资源的占用，选择环保的材料，预留未来的扩建空间。

（4）经济性原则

经济性是公路交通运输基础设施设计的另一个重要原则。设计时，应充分考虑建设成本、运营成本以及经济效益等因素，确保基础设施的投资价值。例如，可以通过优化设计方案、选用合适的材料和设备等措施来降低成本。

（5）创新性原则

随着科技的发展，新的设计理念和技术不断涌现。设计人员应积极采用新技术、新工艺、新材料，在保证公路交通运输基础设施的质量和运输效率的基础上提高设计方案的创新性。

（6）人本原则

公路交通运输基础设施设计应充分考虑使用者的需求和感受，做到以人为本。例如，道路设计应提供舒适的行车体验，公共交通设施应方便乘客的使用等。

2.设计要点

公路交通运输基础设施设计的要点涵盖结构、材料、环境友好性等多个方面，这些要点对于确保基础设施的质量、安全和持久性至关重要。以下是公路交通运输基础设施设计的几个要点：

（1）结构设计

结构设计是公路交通运输基础设施设计的核心，它决定了公路交通运输基础设施的承载能力和稳定性。设计人员应基于力学原理，充分考虑各种可能的荷载和应力，并采取相应的措施来确保结构的稳定性和安全性。同时，应注重结构的耐久性和可维护性，以降低后期维修和更换的成本。

（2）材料选择

材料是基础设施的物质基础，其质量直接关系到公路交通运输基础设施的性能和寿命。因此，材料选择是公路交通运输基础设施设计的重要环节。设计人员应根据公路交通运输基础设施的具体需求和条件，选择具有适当强度、耐久性、稳定性和经济性的材料。同时，应关注材料的环保性能，以减少对环境的负面影响。

（3）环境友好性

环境友好性是现代公路交通运输基础设施设计的必然要求。设计人员应充分考虑设施对环境的影响，采取相应的措施来降低噪声、减少污染、保护生态环境等。例如，采用低噪声的施工机械和技术，合理设置排水系统以减少水土流失等。

（4）景观设计

景观设计是提升公路交通运输基础设施视觉效果和环境品质的重要手段。设计人员应将景观元素融入公路交通运输基础设施中，使其与周围环境相协调,提升整体的美观度。同时,还应注重景观的功能性,以满足人们的审美和休闲需求。

(5)智能化设计

智能化是现代公路交通运输基础设施发展的趋势。采用智能化的技术和设备,可以提高基础设施的运营效率和安全性。例如,在道路基础设施中应用智能交通系统,可以实时监测交通流量、路况等信息,为交通调度提供决策支持。

(三)设计与施工的衔接

设计与施工的衔接是确保公路交通运输基础设施顺利建设和运行的关键环节。

1. 设计方案的细化与优化

在施工前,相关人员应对设计方案进行进一步的细化与优化,确保设计的可行性和实用性。这包括明确结构、材料、设备等各方面的技术要求,对施工工艺和流程进行详细规划,以及针对可能出现的问题和风险制定应对方案。设计人员与施工人员的紧密沟通,可以减少施工过程中的变更和返工,提高施工效率和质量。

2. 施工图的审查与施工交底

施工图的审查与施工交底是设计与施工衔接的重要环节。在施工前,施工人员应对施工图进行审查,确保其符合设计要求和相关规范,并满足施工的可操作性。同时,设计人员应进行施工交底,将设计意图、关键技术要求、安全注意事项等向施工人员进行详细说明和解释。这一环节,可以加强设计人员与施工人员的沟通,确保施工人员对设计要求有充分的理解和把握。

3. 设计与施工的协调配合

在施工过程中,设计人员应与施工人员保持密切的联系。设计人员应积极解答施工人员提出的问题,对施工过程中的技术难点和关键点给予指导和支持。同时,施工人员应及时反馈施工情况,对设计的不足之处提出合理建议。

这种密切的协调配合，可以及时解决施工中遇到的问题，确保施工的顺利进行。

4.设计与施工的质量控制

质量控制是设计与施工衔接的重要方面。设计人员应提出明确的质量要求和技术标准，并对施工过程进行监督和指导。同时，施工人员应严格按照设计要求和规范进行施工，确保施工质量符合标准。

四、公路交通运输基础设施建设项目管理

（一）项目立项与审批

在项目立项阶段，首要任务是明确项目的目的和意义。这需要进行深入的研究和充分的市场调查，以了解项目的潜在效益。例如，建设一条新的公路，其目的是提高地区的交通效率，促进经济发展，那么在立项时相关人员就需要充分论证这一目的的重要性和可行性。

随后，需要对项目进行可行性研究，这涉及对项目的技术、经济、环境和社会影响的初步评估。在这一阶段，项目团队需要收集大量数据，包括项目实施地区的地形地貌、气候条件、人口密度、经济状况等，以便为后续进行更加详细的可行性研究奠定基础。

在完成项目可行性研究后，项目团队需要提交一份详细的可行性研究报告。这份报告应包括对项目的技术、经济、环境和社会影响的全面评估，以及对项目风险和不确定性的分析。此外，报告还应包括项目的初步设计方案、预算和施工进度表。

审批过程是对项目可行性研究的进一步评估和审查。这一过程通常由政府或相关机构进行，以确保项目符合国家的法律法规、战略规划。审批过程包括多个阶段，如初步审查、详细审查、公众听证会等。在这一过程中，项目团队需要准备大量的补充材料，以随时应对可能出现的问题。

除对项目的全面评估外，审批过程还可能涉及对项目资金来源的审查。这包括对项目投资者的资质，以及项目的经济效益和社会效益的评估。只有在资金来源可靠、项目经济效益和社会效益明显的情况下，项目才有可能获得批准。

值得注意的是，在项目立项与审批过程中，项目团队与公众的沟通也是非常重要的。这是因为公路交通运输基础设施建设往往会对周边居民产生影响，因此项目团队需要充分听取公众的意见和建议，以实现项目的可持续发展。在这一方面，项目团队可以通过媒体宣传、公众听证会、社区会议等方式与公众进行沟通。

（二）资金筹措与使用

在公路交通运输基础设施建设项目的管理过程中，资金筹措与使用是一个至关重要的环节。它不仅决定了项目能否顺利实施，更直接影响着项目的经济效益和社会效益。

第一，资金筹措是项目实施的前提。公路交通运输基础设施建设项目通常需要大量的资金投入。资金来源可以是政府投资、企业自筹、银行贷款或是利用外资。在筹措资金时，项目团队需要综合考虑各种筹资方式的成本、风险和可行性。例如，政府投资可以降低项目的财务风险，但可能影响项目的经济效益；而银行贷款虽然能提供相对较低的利率，但会增加项目的债务负担。因此，项目团队需要根据项目的具体情况，选择最合适的资金来源。

第二，资金合理使用是项目成功的关键。资金合理使用不仅能确保项目的顺利进行，还能有效降低成本、提高经济效益。在项目管理中，资金使用涉及预算制定、资金分配和监控等多个方面的内容。项目团队需要根据工程进度和实际需求，制定详细的资金使用计划，确保资金的合理分配和有效利用。同时，应定期对资金使用情况进行审查，及时发现和纠正不合理的开支，防止资金的滥用。

第三，与资金筹措与使用紧密相关的还有风险管理。公路交通运输基础设施建设项目涉及的风险多种多样，如政策风险、技术风险、市场风险等。为了降低这些风险对项目的影响，项目团队需要对各种可能出现的风险进行充分评估，并提前制定应对策略。这不仅有助于确保资金的合理使用，还能有效提高项目施工的效率。

第四，资金筹措与使用的有效管理还需要与项目其他方面（如立项、设计、施工等）密切配合。例如，在立项阶段，项目团队就需要充分考虑项目的资金需求和筹措方式；在设计阶段，要结合实际情况制定合理的预算方案；在施工阶段，要严格按照预算使用资金，并加强监控。

（三）设计与施工阶段的协调管理

在公路交通运输基础设施建设项目的整个管理过程中，设计与施工阶段的协调管理至关重要。这一阶段的目标是确保设计理念与实际施工的高效结合，从而实现项目的预期目标。

第一，有效的协调管理有助于提高项目的整体效率。公路交通运输基础设施建设项目往往涉及多个部门和多方利益相关者，因此，良好的协调机制能够确保信息畅通，避免因沟通不畅造成的工期延误。例如，设计部门与施工部门之间的密切配合，可以减少因设计变更带来的额外工作量和成本。

第二，协调管理有助于解决项目建设过程中出现的问题。在项目的设计和施工阶段，不可避免地会遇到各种问题和挑战。通过协调管理，项目管理人员可以迅速找出问题，并调动相关人力、物力进行解决。这不仅能够保证项目的进度，还能提高项目的质量。

第三，协调管理也有助于实现资源的合理配置。公路交通运输基础设施建设项目需要大量的人、财、物等资源，良好的协调管理能够确保资源的合理使用，避免资源的浪费。例如，对施工进度进行合理安排，可以降低设备的闲置率和避免人力成本的浪费。

第四，协调管理还有助于提高项目的社会效益。在设计与施工阶段充分考虑周边社区居民的需求和意见，可以减少项目实施过程中的社会矛盾，提高项目的社会效益。例如，与当地居民进行沟通，设计人员可以了解他们对项目的担心问题，从而在设计环节尽可能避开这些问题。

为了实现设计与施工阶段的协调管理，项目管理人员需要采取一系列措施，这包括定期召开项目协调会议、制定问题解决方案等。同时，项目管理人员还需要具备良好的沟通技巧和协调能力，能够调动各方资源，推动项目的顺利进行。

（四）项目质量与安全管理

在公路交通运输基础设施建设项目的管理过程中，项目质量与安全管理是至关重要的环节。这一环节的目标是确保项目的质量符合既定标准，同时在施工过程中确保人员和设备的安全。

首先，质量管理是项目成功的关键。对于公路交通运输基础设施建设项目而言，质量不仅仅关乎设施的使用寿命，更与人们的生命安全息息相关。因此，相关部门应制定严格的质量标准。从原材料的采购、施工工艺的选择，到工程验收等各个环节，都需要进行严格的质量控制。此外，对于可能出现的质量问题，项目团队应提前采取预防措施，以降低质量风险。

其次，安全管理也是项目实施中的重要任务。公路交通运输基础设施建设项目的施工环境往往较为复杂，需要用到大型设备，因此，安全管理至关重要。相关部门应制定完善的安全管理制度，并要求相关企业定期进行安全培训和演练，以提高员工的安全意识和应对突发事件的能力。同时，相关企业应定期对施工现场进行安全检查，及时发现和消除安全隐患。

最后，项目质量与安全管理还需要与项目的其他方面进行协调。例如，设计与施工阶段的衔接、材料采购与施工进度的配合等，都需要考虑质量与安全的要求。只有各个方面协调配合，才能实现项目的整体质量和安全目标。

为了加强项目质量与安全管理，相关部门还需要建立一套有效的监督机制。这包括对项目质量与安全管理进行定期评估、对不符合标准的行为进行纠正等。

（五）项目后评价与总结

项目后评价与总结是公路交通运输基础设施建设项目管理中不可或缺的一环。这一阶段的目标是对项目实施过程和结果进行全面评估，总结经验教训，为未来类似项目的实施提供借鉴和参考。

首先，项目后评价是对项目实施效果的一次全面总结。通过对项目的质量、进度、成本等方面的评估，项目管理人员可以了解项目的实际效果是否达到预期目标。如果项目未能达到预期目标，项目后评价还可以帮助项目管理人员分析原因，找出问题所在，为改进未来项目的设计和实施方案提供依据。

其次，项目后评价有助于提高项目团队水平。总结项目实施过程中的经验教训，可以帮助项目管理人员提高管理能力和应对复杂问题的能力。同时，项目后评价还可以促进项目团队之间的交流和学习，为未来项目的成功实施提供保障。在项目后评价的基础上，项目团队还需要对整个项目管理过程进行总结。这包括对项目立项、资金筹措与使用、设计与建设阶段的协调管理等方面的回顾和评估。通过总结，项目团队可以进一步明确项目管理过程中的成功经验和不足之处，为未来项目的改进提供参考。

最后，项目后评价与总结还需要注重项目的可持续发展。对于公路交通运输基础设施建设项目而言，相关部门不仅要关注项目的短期效益，还应考虑项目的长期影响，如对环境的影响、对周边地区经济发展的影响等。

有效的项目后评价与总结可以促进项目的可持续发展，实现经济效益和社会效益的结合。为了确保项目后评价与总结的有效性，相关部门需要建立一套科学的评价体系和方法。这包括制定详细的评价标准、选择合适的评价方法、建立评价团队等。同时，应确保评价过程的客观性和公正性，避免主观因素对评价结果的影响。

第三节　公路交通运输基础设施融资与运营管理

一、公路交通运输基础设施融资

（一）融资的意义与特点

1.融资的意义

公路交通运输基础设施作为国家经济发展的重要支柱，其融资工作意义重大。基础设施融资不仅可以满足建设和运营的资金需求，还能促进资源的优化配置，推动产业结构的升级和技术创新。

首先，基础设施融资对于经济增长具有重要意义。公路交通运输基础设施的建设能够带动相关产业的发展，增强区域经济活力，促进就业和增加税收。通过融资，项目团队可以筹集大量资金，加速基础设施的建设进程，从而促进区域经济的增长。

其次，基础设施融资有助于提高国家竞争力。完善的基础设施能够降低物流成本，提高运输效率，增强国际竞争力。特别是在全球化背景下，高效的公路交通运输网络对于增强国家的吸引力，提高国家的国际地位具有重要作用。

2.融资的特点

基础设施融资具有以下特点：

一是资金需求量大。公路交通运输基础设施建设项目通常需要大量的资金投入。融资工作需要多方参与，包括政府、银行、社会等。

二是融资周期长。基础设施建设项目往往建设周期较长，相应的融资周期也较长。在较长的融资周期内，项目团队需要考虑资金的时间价值和风险因素，以确保项目的可持续发展。

三是风险因素多。基础设施融资面临的风险多种多样，如政策风险、市场风险、建设风险等。在融资过程中，项目团队需要对各种可能出现的风险进行充分评估，制定应对措施，以确保项目的顺利进行。

（二）融资的主要渠道

公路交通运输基础设施融资的渠道多种多样，下面介绍几种主要的融资渠道：

1.政府财政投入

政府作为基础设施的主要投资者，通常会通过财政预算为基础设施融资。政府财政投入的类型包括中央和地方政府的专项资金、国债资金等。政府财政投入具有稳定性和可靠性，但受限于政府的财政状况，投入的资金可能有限。

2.银行贷款

银行贷款是基础设施融资的重要渠道之一。通过向商业银行或政策性银行申请贷款，项目团队可以筹集大量资金。银行贷款的优势在于资金规模大、期限长，但需要项目本身具备稳定的收益能力。

3.资本市场融资

资本市场融资是指通过发行股票、债券等方式筹集资金。对于公路交通运输基础设施项目来说，相关团队可以通过发行企业债券、项目债券等方式筹集资金。资本市场融资的优势在于资金来源广泛、融资成本较低，但项目团队需要具备一定的资本运作能力和信用评级。

4.社会资本投资

社会资本投资是指私人企业或个人投资公路交通运输基础设施项目。随着政府加大力度支持民间投资，越来越多的社会资本开始进入基础设施领域。社会资本投资的形式包括公私合作模式、建设—经营—转让模式等。社会资本投资的优点在于能够引入市场竞争和创新机制，降低建设和运营成本，但需要政府建立有效的监管和风险分担机制。

5.国际金融组织贷款

国际金融组织如世界银行、亚洲开发银行等，能为发展中国家提供低息贷款，支持基础设施建设项目。国际金融组织贷款通常具有较长的贷款期限和较低的利率等特点，对于公路交通运输基础设施项目建设来说是一种较为经济的融资方式。

综上所述，公路交通运输基础设施融资的主要渠道包括政府财政投入、银行贷款、资本市场融资、社会资本投资和国际金融组织贷款等。各种融资渠道具有不同的优缺点，项目团队应根据项目实际情况选择合适的融资方式。同时，政府和社会各界也应积极探索新的融资渠道和融资模式，以推动公路交通运输基础设施建设的可持续发展。

二、公路交通运输基础设施运营管理

（一）运营管理的目标与原则

公路交通运输基础设施的运营管理，旨在确保设施的高效、安全和可持续运营，以满足社会和经济发展的要求。运营管理的目标与原则紧密相关，它们共同构成了公路交通运输基础设施运营管理的基石。

1.运营管理的目标

首先，公路交通运输基础设施运营管理的主要目标是确保设施的可靠性。这意味着设施应始终保持良好的工作状态，能够为使用者提供稳定、可靠的服务。为了实现这一目标，运营管理者需要采取一系列措施，如定期维护、检查和更新设备，及时处理设施出现的问题等，以保证设施的稳定性和可靠性。

其次，公路交通运输基础设施运营管理需要追求效率。这意味着应尽可能地提高设施的服务能力，同时降低运营成本。因此，运营管理者需要采用先进的技术和管理方法，以提高设施的使用效率。此外，合理的资源分配和流程优化，也能有效降低运营成本。

2.运营管理的原则

第一，安全性是公路交通运输基础设施运营管理的核心原则之一。公路交通运输基础设施涉及人们的生命安全和财产安全，因此，确保设施的安全性至关重要。运营管理者需采取严格的安全措施，包括制定安全规程、培训员工、定期检查设施等，以预防事故的发生。

第二，可持续性是另一个重要的原则。随着社会的发展，环境问题日益严重，可持续性已成为各行各业关注的焦点。在公路交通运输基础设施的运营管理中，可持续性意味着在满足人们当前需求的同时，不损害未来的发展能力。这要求运营管理者在考虑经济效益的同时，也要重视公路交通运输基础设施对环境和社会的影响。

第三，公路交通运输基础设施运营管理还需要遵循开放和透明的原则。这意味着运营管理者应向公众公开设施的运营状况、财务信息和其他重要数据。这不仅能提升公众对运营管理者的信任度，也有助于提高运营管理的透明度。

综上所述，公路交通运输基础设施运营管理的目标与原则在公路交通运输基础设施管理中具有至关重要的作用。目标和原则的确定，能够为设施的高效、安全和可持续运营提供支持。在实际操作中，运营管理者应始终关注这些目标和原则，并根据实际情况进行调整和完善。

（二）运营管理模式

公路交通运输基础设施的运营管理模式直接影响设施的运营效率和服务质量。常见的公路交通运输基础设施运营管理模式有自主运营和委托运营等。选择合适的运营管理模式，对于公路交通运输基础设施的成功运营至关重要。

自主运营模式是指公路交通运输基础设施由项目所属公司或政府相关部门负责运营管理。在这种模式下，项目所属公司或政府相关部门需要承担设施的日常维护、安全管理、服务提供等全部任务。自主运营模式要求运营方具备较高的专业能力，并且能投入较多的资源，以确保设施的稳定和高效运营。

自主运营模式具有较大的灵活性，运营管理者可以根据市场需求和业务变化情况快速调整运营策略。同时，自主运营模式也有助于提高项目的经济效益和社会效益，增加运营方的收入来源。然而，自主运营模式需要运营方投入大量的资源和人力，承担较大的运营风险。

委托运营模式是指项目所属公司或政府相关部门将公路交通运输基础设施的运营管理委托给专业的运营商。运营商负责设施的日常维护、安全管理、服务提供等。委托运营模式有利于发挥专业运营商的优势，提高设施的运营效率和服务质量。运营商通常具备丰富的经验和资源，能够提供专业化的运营管理服务。此外，委托运营模式还可以降低项目所属公司或政府相关部门的运营成本和风险。

委托运营模式也存在一些缺点。例如，项目所属公司或政府相关部门需要建立有效的委托管理机制，明确委托方和受托方的权利和义务；需要确保运营商具备相应的能力和经验；需要建立有效的监督和评估机制，确保运营商按照规范进行运营管理。

综上所述，选择合适的运营管理模式是公路交通运输基础设施运营管理的关键环节。项目所属公司或政府相关部门应根据项目的具体情况和市场环境，评估自主运营和委托运营等模式的优缺点，并选择最合适的模式。在实际操作中，还应根据市场变化和业务发展情况，及时调整和完善运营管理模式，确保公路交通运输基础设施的高效、安全和可持续运营。

（三）基础设施的维护与保养

对于公路交通运输基础设施来说，维护与保养是确保其长期、稳定运营的关键。一个健全的维护与保养制度不仅能延长设施的使用寿命，还能确保运输的安全与效率。下面详细探讨基础设施的维护与保养制度：

首先，预防性维护是该制度的核心。与事后维修相比，预防性维护能有效地降低设施故障发生的频率和维修成本。因此，相关企业应定期对设施进行检查，及时发现潜在的问题，采取相应的措施进行修复。此外，根据设施的使用情况和历史故障记录，应制订合理的维护计划，确保关键设施得到及时的维护。

其次，专业化的维护团队是该制度的基础。维护团队应具备相应的专业知识和技能，能够准确判断设施的状态，并采取适当的措施进行维护。为了提高团队的技能水平，相关企业应对其进行定期的培训和技能更新。同时，团队各成员之间应保持沟通与协作，共同应对复杂的维护问题。

再次，质量保证和标准化作业是该制度的保障。在基础设施维护过程中，相关人员应遵守相关的操作规程，确保维护工作的质量和安全性。同时，相关企业应建立质量评估体系，对维护工作的效果进行定期评估，及时发现和解决存在的问题。

最后，持续改进和科技创新是该制度的动力。随着科技的发展和市场的变化，新的维护技术和方法不断涌现。为了提高设施的维护水平，相关企业应积极引入先进的科技手段和方法，提高维护工作的效率。同时，应关注行业发展趋势，持续改进和完善维护制度，以适应未来可能出现的挑战和变化。

综上所述，基础设施的维护与保养制度对于公路交通运输基础设施的运营管理至关重要。该制度能够确保基础设施得到有效的维护和保养，延长其使用寿命，提高运输的安全性。在实际操作中，相关企业还应根据基础设施的具体情况和市场变化情况，不断完善和维护保养制度，确保其适应未来社会发展的需要。

（四）运营中的安全与环保管理

在公路交通运输基础设施运营管理过程中，安全与环保管理是不可或缺的环节。随着社会对安全和环保的日益关注，相关企业对公路交通运输基础设施进行有效的安全与环保管理不仅能确保公路交通运输的顺利进行，还能提高人民群众的幸福感。

首先，安全管理是运营管理的重中之重。相关企业应定期对设施进行安全检查，及时发现和修复潜在的安全隐患。同时，应建立完善的安全管理制度，明确各级人员的安全职责，确保安全措施得到有效执行。此外，加强对员工的安全培训和教育，提高员工的安全意识和应对突发事件的能力也至关重要。

其次，环保管理在运营管理中的地位越来越重要。随着社会的发展，环境问题日益严重，相关企业应积极采取环保措施，减少公路交通运输基础设施运营过程中对环境的影响。例如，采取节能减排措施，减少不可再生能源的使用；合理利用资源，减少浪费；加强环境保护工作，减少噪声、尘土等对周边环境的影响等。同时，应建立环保管理制度，明确环保目标和措施，并定期进行环保监测和评估。

最后，提高应对突发事件的能力也是公路交通运输基础设施运营过程中安全与环保管理的重要方面。相关企业应制定应急预案，建立应急响应机制，确保在突发事件发生时能够迅速、有效地应对。同时，应定期进行应急演练和培训，提高员工应对突发事件的能力。

综上所述，安全与环保管理在公路交通运输基础设施运营中具有不可替代的作用。建立健全安全与环保管理制度，有助于保障人们在使用公路交通运输基础设施时的安全。

第三章　公路交通运输市场分析

第一节　交通运输市场

交通运输市场是市场体系的重要组成部分，指的是交通运输服务的买卖场所及其相关活动。在这个市场中，交通运输服务的供给者与需求者通过特定的交易方式，完成交通运输服务的交换，从而实现商品和人员的空间位移。

一、交通运输市场的功能

交通运输市场在市场体系中的功能表现在以下几个方面：

（一）信息传递功能

信息传递是市场的基本功能，市场的许多功能都是在这一功能的基础上发挥作用的。参与交通运输市场活动的市场主体掌握着不同的信息，他们通过自身的表现，向市场传递信息，如运输价格信息、运输技术装备信息、供求信息等，同时使得市场信息在不同主体间流动，客观上起到调节和支配市场主体经济活动的作用。

交通运输市场各经济主体要善于捕捉和利用信息，及时调整其经营规模和生产方向，改进装备，提高技术水平，以提高服务质量和竞争能力，站稳市场，不断开辟新的市场。

及时掌握信息,科学预测运输业未来的发展趋势,从而作出正确的决策,这对于港口、机场、高速公路网等投资规模大、建设周期长的运输基础设施建设尤为重要。大量实践表明,谁能掌握市场信息、正确运用信息,谁就能掌握市场的主动权,从而占有市场,使自身得到发展;反之,无视信息,对交通运输市场信息不能及时反馈,将处于被动地位,从而失去市场,被市场淘汰。

(二)资源优化配置功能

资源配置是指对运输资源在各种可能的生产用途之间作出选择,使运输资源获得最佳使用效率。资源的优化配置是市场机制中供求机制、价格机制、竞争机制共同作用的结果。

在运输市场上,供给和需求联结着市场上不同的主体。运输供给量是有限的,其供给的最大量是运输市场上可以支配的运输资源总量。当运输供给量不足时,运价将上涨,引起资源的流动,即资源在不同的方式之间,或者在同一种运输方式的不同企业之间,或者在不同线路之间重新分配。与此同时,运价的上涨将导致需求减少,于是运输市场的供给和需求将达到新的平衡。反之,当运输供给量大于运输市场需求量时,运价将下降,运价下降使一些运输企业收入下降,企业会减少供给量,资源流出,流向能够有效满足人们需要的运输生产者手中。同时,价格的下跌会刺激运输消费,运输市场会出现新的平衡。

在供给和需求的矛盾运动中,价格机制作为反馈机制而存在,它是市场机制的信息要素,价格反映着运输市场上的供给量与需求量的变动状况,同时作为反馈信息,指示着供给与需求之间的反向运动。价格在不同的运输方式、运输企业之间表现为不同的运输价格比价和运价水平,而比价或运价水平的高低会给运输市场主体带来不同的经济利益,引导着资源从获利较少的生产用途转向获利较多的生产用途,从不太重要的生产用途转到更加重要的生产用途。

竞争机制使市场主体通过激烈的竞争实现了优胜劣汰，使运输资源从低效益企业向高效益企业流动，提高了运输资源的使用效益。竞争机制能否发挥作用，则依赖运输市场的完善程度。运输市场供求机制、价格机制、竞争机制共同作用，引导运输劳务、运输资本、运输信息以及相关资源在一个地区、一个国家，甚至在世界范围内合理流动并得到优化配置，提高了资源的使用效率，减少了损失，避免了浪费，增加了局部和整体效益。陆路运输、远洋运输、航空运输等运输市场已具有国际性，运输市场从一国扩大到多国，可以说，运输市场在一定程度上促进了运输资源在世界范围内的优化配置。

（三）结构调整功能

结构调整主要是指调整产品结构、企业结构、产业结构、地区结构、技术结构等，使之合理化。西方学者认为，市场对结构调整具有不可替代的作用。在特定的社会生产规模中，各行业之间以及行业内部的结构在客观上存在着最佳的比例关系。一旦经济体制、经济环境、经济政策发生变化，这种比例关系也会相应发生变化。交通运输市场的结构调整功能主要表现在以下三个方面：

第一，市场协调运输供给结构与需求结构的平衡。这种结构平衡功能是通过以下三种方式实现的：

①增加或减少运输供给量，调整供给结构，使之与需求结构相一致。运输需求量增加，运输价格就会上涨，从而引导、刺激运输部门扩大生产，增加供给量，改变运输能力不足的状况。运输需求量下降，运输价格就会下降，一部分运输企业就会因无利可图而转向其他行业，另一部分运输企业则会减少运输供给量，解决供过于求的问题。

②抑制消费，实现运输供给结构与需求结构的平衡。当运输需求量增加导致运价上涨时，运价上涨会从两个方面起到抑制消费的作用：一方面，市场会刺激消费者（货物托运人和旅客）减少对运输的需求，从而使需求适应供给；另一方面，运价的上涨和利润的提高会刺激运输部门采用各种有效手段，增加

供给量，实现供需平衡。

③开发和利用替代品，实现运输供给结构与需求结构的平衡。部分西方经济学家认为，当某种商品因需求量增加出现价格上涨时，消费者会减少对该商品的需求量，同时会增加对替代品的需求量，刺激替代品价格的上涨，从而引导生产者增加替代品的生产和开发新的替代品，平衡新的供给结构与需求结构。

第二，市场对交通运输企业的调整。市场作为交通运输企业活动的直接调节者，对交通运输企业结构具有直接影响。这主要体现在以下两个方面：

一方面，市场对交通运输企业结构具有优化作用。企业为了求得自身的生存和发展，必然在市场上展开激烈的竞争。通过竞争，优秀的企业得以保留，较差的企业便被淘汰。在其他条件不变的情况下，企业是否能获得利润，或者能获得多少利润，是企业生产效率的直接反映。生产效率高的企业得到发展，生产效率低的企业被淘汰，企业结构得以优化。

另一方面，市场对交通运输企业的规模具有调节作用。现代市场经济的有效运行既需要少数的大企业，也需要大量的中小企业，对它们进行合理配置可以有效促进经济发展。市场对企业规模的形成具有以下调节作用：一是市场竞争促进了大企业的形成；二是市场的规模制约企业的规模；三是市场需求的变化直接影响企业的规模；四是市场风险机制会促使企业向大规模发展。

第三，市场对促进运输体系内部结构合理化具有重要作用。在运输体系内部，运输市场会调节各种运输方式的比例。为了发展交通运输业，政府可以自觉地运用市场机制的功能，即对于供应紧张的部分，可以大幅度地提高某种运输方式的运输价格，在抑制人们对某种运输方式的需求的同时，引导人们增加对其他运输方式的需求，并将由此而得到的收入作为投资资金，用于开发资源、增加设备，以此促进运输体系内部结构的合理化。

（四）促进技术进步的功能

市场对交通运输业技术进步的促进作用，主要是通过市场竞争机制和技术自身的商品化或市场化来实现的。

市场的竞争机制是市场机制的重要组成部分，部分西方学者甚至把市场制度称作竞争制度。市场竞争可以分为两种形式，即价格竞争和非价格竞争。价格竞争是通过降低产品价格击败对手，非价格竞争则是在产品质量、品种、信誉等方面进行竞争。这两种竞争形式通过不同的途径推动技术进步。

在价格竞争的影响下，各个生产者和经营者为了降低价格、增强自己的竞争力，就必须降低成本，因而价格竞争从根本上来说是降低成本的竞争。企业竞相降低成本会推动技术进步，这种促进作用具体体现在：①促使企业不断地对现有设备进行改造，采用新工艺、新技术；②促使企业选择使生产成本降至最低的技术，以实现资源的优化组合。

在市场竞争中，非价格竞争是更为重要的竞争。传统理论把市场竞争主要理解为价格竞争，而实际上，关于新产品、新技术、新供给来源、新组织类型等的竞争更应当受到重视。

无论是价格竞争还是非价格竞争，是国内市场竞争还是国际市场竞争，都可以有力地促进技术的不断进步。

二、交通运输市场的特点

（一）地域性

交通运输市场具有明显的地域性特征。由于交通运输服务受到地理位置的限制，因此，不同地区的交通运输市场存在显著的差异。例如，长江三角洲地区的航空运输市场与西部地区的航空运输市场，在航班供给数量、运输服务质量等方面存在较大差异。这种地域性的特点源于运输网络建设水平的差异、运输成本的差异，以及地区间经济活动分布的不同。此外，不同地区的交通运输市场还会受到当地法规、政策、文化等因素的影响，进一步增强了其地域性特征。为了满足地域性需求，交通运输企业需要深入了解当地市场的特点，制定有针对性的营销策略和服务模式。例如，针对农村地区的特殊需求，可以提供定制化的短途运输服务；而在城市地区，则可以提供更为便捷和高效的公共交通服务。通过满足地域性需求，交通运输企业不仅能够获得更多的市场份额，还能够提升自身的竞争力。

（二）需求多样性

交通运输市场的需求呈现多样性。运输服务的对象可以是大宗货物、零散货物，也可以是旅客，而不同的运输对象对运输服务的需求各不相同。需求多样性使得交通运输市场呈现出丰富的层次和细分市场。为了满足多样性的需求，交通运输企业需要不断创新和完善服务模式。例如，针对不同的货物类型和运输距离，可以提供定制化的包装、仓储和配送服务；针对不同旅客的出行计划，可以提供多元化的出行方式，如高铁、飞机、长途客车等。通过满足不同的需求，交通运输企业能够更好地适应市场变化，提升市场竞争力。

（三）供给复杂性

为了满足市场的多样化需求，交通运输服务的供给也相对复杂，不仅可以从整体上分为公路运输、铁路运输、航空运输、水路运输、管道运输等多种运输方式，而且各种方式内部也有细分市场。例如，铁路运输可以按速度标准分为高速铁路、快速铁路和普速铁路。供给的复杂性使得交通运输市场的竞争尤为激烈。此外，受运输网络布局合理性、运输能力、运输资源配置效率等因素的影响，供给的复杂性进一步增强。为了应对这种复杂性，交通运输企业需要建立高效的管理体系和运营模式。例如：优化运输网络布局，降低运输成本，提高运输效率；引进先进的运输技术和设备，提升运输能力和服务质量；合理配置和调度资源，确保运输的连续性和稳定性。通过这些措施，交通运输企业能够更好地应对市场的挑战，抓住市场带来的机遇。

（四）规模效应与网络效应

交通运输市场具有明显的规模效应和网络效应。随着服务规模的扩大，单位运输成本会逐渐降低，这是因为大规模的运输活动能够更好地分摊固定成本，提高运输工具的利用率，从而降低单位成本。此外，随着运输网络的不断扩展，节点之间的连接更加紧密，交通运输企业能够提供更加便捷和高效的运输服务，进一步提升了市场的价值。在规模效应的驱动下，交通运输企业往往会扩大规模，以提高运输能力。这不仅可以降低运输成本，还能够吸引更多的消费者。网络效应则强调运输网络的连通性和覆盖范围，通过构建完善的运输网络，交通运输企业能够提供更加丰富和多样化的运输服务，满足消费者的需求。

（五）受政府监管与政策影响

交通运输市场受到政府监管和政策的影响较大。政府对交通运输市场进行监管旨在确保市场公平竞争，保障运输安全，增强市场主体的环境保护意识。例如，政府制定相关的法律法规，规范交通运输企业的经营行为；设立监管机构对运输安全进行检查和监督；制定环保政策，减少交通运输对环境的负面影响。政府制定的政策也会对交通运输市场产生深远的影响。例如，政府对公共交通的补贴政策可以促进公共交通的发展，提高公共交通的市场占有率；对某些行业的运输限制政策可以调整市场的竞争格局；对新技术和新模式的鼓励政策可以推动市场的创新和发展。在政府监管和政策的引导下，交通运输企业需要关注政策动向，遵守相关法律法规，积极配合政府的监管要求。同时，交通运输企业也可以利用政策的支持，推动自身的发展和创新，提高市场竞争力。

（六）技术与创新驱动

随着科技的进步和创新能力的不断提高，交通运输市场也在经历着深刻的变革。新的技术为交通运输企业提供了更多的发展机遇和竞争优势。例如，新能源技术的运用可以减少运输过程中的环境污染；新型运输方式和商业模式也有利于交通运输企业提供更加便捷和高效的运输服务。为了应对市场的变化，抓住机遇，交通运输企业需要加大技术和创新投入。例如，通过引进先进的技术和设备，提高交通运输效率，降低成本；通过研发和创新，开发出新的产品和服务，满足市场的需求。同时，企业还需要建立完善的技术创新体系，发展创新文化，鼓励员工积极参与创新活动，从而推动企业的持续发展。

总体来看，交通运输市场是一个具有地域性、多样性、复杂性特点并且受到政府监管的特殊市场。随着经济和社会的发展，交通运输市场的规模和影响力不断扩大，同时也面临着诸多挑战和机遇。为了更好地应对挑战，抓住机遇，实现发展，交通运输企业需要深入了解交通运输市场的特点，充分利用市场规律，推动技术和管理创新，满足社会日益增长的交通运输需求。

三、交通运输市场的分类

可以根据不同的标准，对交通运输市场进行分类，从而更好地理解其构成和运作机制。以下是几种常见的分类方法：

（一）按运输方式分类

主要的运输方式包括公路交通运输、铁路交通运输、航空交通运输、水路交通运输和管道交通运输，每种运输方式都有其独特的特点和适用范围。每一种运输方式对应着不同的交通运输市场。

1.公路交通运输市场

公路交通运输是最普遍的运输方式，主要适用于短途和中途的货物和人员运输。公路网络发达，覆盖面广，灵活性强，但运输成本相对较高，且对环境有一定影响。

2.铁路交通运输市场

铁路交通运输适用于长距离、大批量的货物运输，尤其是大宗物资，如煤炭、矿产和农产品等。铁路交通运输成本相对较低，且对环境的影响较小，但建设成本高，且灵活性较差。

3.航空交通运输市场

航空交通运输主要适用于长途、高速、高价值的货物和人员运输。航空交通运输速度快，但成本高，且对环境影响较大。

4.水路交通运输市场

水路交通运输适用于大批量、长距离的货物运输，尤其是大宗原材料和商品。水路交通运输成本低，运输量大，但对地理位置要求高，且受天气和季节影响较大。

5.管道交通运输市场

管道交通运输主要用于输送液体和气体物资，如石油、天然气等。管道交通运输成本低，连续性强，但对运输物品的种类限制较多。

（二）按运输对象分类

根据运输对象的不同，交通运输市场可以分为货物交通运输市场和旅客交通运输市场。

1.货物交通运输市场

主要满足生产和生活物资的运输需求。根据货物的特性（如重量、体积、价值等）和运输要求（如时效性、安全性等），货物交通运输市场又可以分为大宗货物交通运输市场、零担货物交通运输市场、集装箱交通运输市场等子市场。

2.旅客交通运输市场

主要满足人们的出行需求，包括旅游、商务、探亲等。旅客交通运输市场通常更注重服务质量和舒适度，因此对运输工具和设施的要求较高。

（三）按运输距离分类

根据运输距离的长短，交通运输市场可以分为短途交通运输市场和长途交通运输市场。

1.短途交通运输市场

短途交通运输通常是指城市内部或近距离的运输服务，其运输工具包括公共汽车、出租车、地铁等。短途交通运输市场具有较高的运输频率和较大的运输量，对运输速度和便利性有较高要求。短途交通运输市场的发展与城市化进程和人口密度密切相关，是城市交通市场的重要组成部分。

2.长途交通运输市场

长途交通运输主要涉及较长距离的货物和人员运输，其运输方式包括公路长途客运、铁路客运、航空客运等。长途交通运输市场对运输速度和舒适度有较高要求，同时对运输成本也有一定的要求。长途交通运输市场的发展受到区域经济发展、人口流动和旅游需求的推动，是促进地区间经济、文化交流的重要手段。

（四）按市场竞争程度分类

根据市场竞争程度的不同，交通运输市场可以分为完全竞争交通运输市场、垄断竞争交通运输市场、寡头垄断交通运输市场和完全垄断交通运输市场。这种分类方法有助于我们更好地理解市场的竞争状况和发展趋势。

1.完全竞争交通运输市场

在完全竞争交通运输市场中，生产者众多，价格由市场决定，企业可以自由进入或退出市场。交通运输市场中的完全竞争状态通常出现在一些细分市场中，如小型城市的公共交通运输市场或特定路线的班车客运市场等。由于企业数量多，服务相似，价格竞争激烈，市场上的企业往往缺乏定价权，只能接受市场价格。为了在竞争中获得优势，企业需要降低成本，提高服务质量和效率，以吸引更多的消费者。

2.垄断竞争交通运输市场

在交通运输市场中，许多细分市场呈现出不完全竞争的特点。在这种市场中，垄断与竞争并存，买者、卖者数量较多，每个生产者行为独立，不同运输企业提供的运输服务在质量上差异较大，某些运输企业由于具备某种优势而形成一定的市场势力，可以通过控制产量或价格来影响市场供需状况。

3.寡头垄断交通运输市场

寡头垄断交通运输市场是指少数几家大型企业占据了大部分市场份额的市场结构。在交通运输市场中，一些需要大量投资或对技术有较高要求的领域可能形成寡头市场结构，如航空货运市场等。由于市场份额主要由少数几家大型企业控制，这些企业间的竞争关系较为明显，可能会通过合作、兼并等方式来扩大市场份额，提高竞争力。

4.完全垄断交通运输市场

在完全垄断交通运输市场中，一个企业或少数几家企业控制了整个市场的生产和销售。这些企业通常拥有较大的垄断势力，能够控制价格和产量，并在市场中获得高额利润。在交通运输市场中，某些特殊领域可能形成完全垄断状态，如某些城市的出租车市场或特定路线的公交车客运市场等。由于没有竞争对手，这些企业能够控制价格和市场份额，但同时也需要承担较大的经营风险和市场监管压力。

除了以上几种分类方法，还可以根据其他标准对交通运输市场进行分类，如按运输范围和区域，交通运输市场可以分为地方性交通运输市场、国内交通运输市场和国际交通运输市场等。总之，对交通运输市场的分类与构成进行深入了解，有助于更好地把握市场的运行规律和发展趋势。

为了提高交通运输市场的运行效率和服务质量，相关企业需要关注不同类型市场的特点和发展需求。在政策制定和市场监管方面，政府应充分考虑不同市场的特性和竞争状况，采取有针对性的措施，推动交通运输市场的健康发展。同时，还应鼓励相关企业根据市场需求进行创新和服务升级，提高运输效率，降低运输成本，提升交通运输市场的整体竞争力。

四、交通运输市场的地位

交通运输市场在市场体系中的地位表现在以下几个方面：

（一）交通运输市场是市场体系的基础

运输活动是为一定的商品生产、交换而开展的活动。运输是社会再生产得以进行的必要条件，它为实现商品使用价值在空间上的位移和时间上的延续提供了保障。

社会对运输的需求属于派生性需求，但是运输的发展规模和水平决定了商品生产和交换的规模和程度。只有当交通运输市场发展到一定水平之后，商品生产和交换才能突破区域规模的限制。

（二）交通运输市场是整个市场体系这一有机系统中的子系统

交通运输市场的运行方式、市场秩序、市场调节过程受到市场体系基本规则的制约，运输市场规则的建立和完善不能超出市场体系基本规则的框架，基本上应和市场体系总体规则同步。

（三）交通运输市场是提高整个市场体系运转效率的重要因素

市场体系内信息流和物流能否及时、自由地流动，主要取决于现代化的交通运输工具和通信设备。

市场体系能否正常运转，首先要看物质产品的销售状况，只有当物质产品作为商品销售出去，生产和经营所必需的资金才能有所保证，社会再生产、扩大再生产和经营过程才能延续，市场体系才能运转。正是交通运输市场实现了产品从生产地到销售地的空间位移运动，可以说，没有交通运输市场便无法实现产品的流通，市场体系也无法正常运转。交通运输市场运转状况还会直接影响产品的整个运动过程，从而影响整个市场体系的运转效率。

（四）交通运输市场内各种运输方式的市场化程度有显著差别

在交通运输市场内，各种不同的运输方式在经营管理领域的市场化程度是不同的。公路汽车运输、内河水运市场竞争激烈、经营分散、市场化程度相对较高，而铁路运输在我国则是垄断经营的。另外，公路、港口、机场、河道等交通运输基础设施的建设，由于其社会公益性很强、投资额巨大，主要是政府行为，受国家管理。

第二节　公路交通运输市场的发展与供需

一、公路交通运输市场的发展

（一）国内外公路交通运输市场的发展历程

从国内外的历史经验来看，公路交通运输市场经历了从无到有、从单一到多元、从传统到现代的转变。

1.国内公路交通运输市场的发展历程

在我国，公路交通运输市场的形成和发展与改革开放政策紧密相关。改革开放初期，国家大力投资公路基础设施建设，形成了以国道主干线为主骨架的公路网络。随着私人车辆的增多和市场经济的逐步确立，公路交通运输逐渐成为运输的主力，公路交通运输市场开始形成。近年来，随着城市化进程的加速和区域经济的发展，高速公路建设和城市交通拥堵问题逐渐成为人们关注的焦点。

2.国外公路交通运输市场的发展历程

国外的公路交通运输市场起步较早，尤其是在西方发达国家。20世纪初，随着汽车的发明和普及，西方国家的公路快速发展。二战后，随着经济的恢复和人民生活水平的提高，公路交通运输市场得到了极大发展。与此同时，为了解决日益严重的交通拥堵和环境污染问题，许多国家开始大力推广公共交通和智能交通系统。

（二）我国公路交通运输市场的现状与特点

公路交通运输市场作为国民经济的重要支柱，其发展现状与特点直接关系到社会的稳定以及经济发展的协调性。以下是对我国当前公路交通运输市场的现状与特点的详细分析：

1. 市场现状

（1）规模庞大

我国公路总里程数世界领先，公路网络四通八达，覆盖了全国各地。这为公路交通运输市场的发展奠定了坚实的基础。

（2）运输方式多样化

除了传统的运输模式，公路交通运输市场还涌现出许多交通运输新业态，如网约车、共享单车、网络货运平台等。

（3）投资主体多元化

公路交通运输市场的投资主体不再局限于国家，越来越多的民间资本进入公路交通运输市场，推动了市场竞争，激发了市场活力。

（4）智能化趋势明显

随着科学技术的发展，人工智能、大数据分析等技术在公路交通运输中得到广泛应用，提高了运输效率。

2. 市场特点

（1）地域性差异

我国地域辽阔，各地区经济发展水平、路况条件等存在差异，导致公路交通运输市场存在明显的地域性特征。总体上看，东部地区的公路交通运输市场比较成熟，而西部地区的公路交通运输市场仍有待进一步开发。

（2）季节性波动

受农业生产季节、旅游季节等因素的影响，公路交通运输市场存在季节性波动。在特定季节，如春运、农忙时节等，公路交通运输需求会大幅增加。

（3）竞争激烈

随着市场的开放，公路交通运输市场的竞争越来越激烈。各公路运输企业为了获得市场份额，纷纷加大投入力度，提高服务质量。

（4）政策依赖性

公路交通运输市场的发展受到政府政策的直接影响。政府的投资决策、路政管理政策、税收政策等都会对公路交通运输市场产生深远影响。

（5）环境敏感性

公路交通运输对环境的影响较大，近年来，随着人们环保意识的提高，公路交通运输市场对环保技术的需求不断增加，推动绿色出行、节能减排成为公路交通运输行业发展趋势。

（三）我国公路交通运输市场的发展趋势

公路交通运输市场的发展趋势，对于推动国家经济发展、提高经济发展协调性具有重要意义。在新的历史时期，我国公路交通运输市场呈现出以下几个主要的发展趋势：

1. 智能化和绿色化

随着人工智能、大数据分析、物联网等技术的不断发展，公路交通运输市场的智能化水平将得到显著提升。智能交通、自动驾驶等系统的应用，将使公路交通运输更加高效、安全。同时，随着人们环保意识的日益增强，绿色化将成为公路交通运输市场发展的重要趋势。新能源汽车、绿色建筑材料等将在公路交通运输领域得到广泛应用，有助于可持续发展目标的实现。

2. 共享化和网络化

在共享经济和互联网技术的推动下，公路交通运输市场的共享化和网络化趋势将进一步加强。共享出行、智能停车等服务将为消费者提供更加便捷的出行方式，优化运输资源配置，提高运输效率。同时，互联网技术将推动公路交通运输市场的网络化发展，实现交通运输信息共享、运输资源整合和跨区域运输服务的优化。

3.安全化和品质化

随着社会对交通安全和运输服务品质的要求不断提高，未来的公路交通运输市场将更加注重安全化和品质化。制定和实施更严格的交通安全法规和技术标准，加强道路安全管理和驾驶员技术培训，提升车辆技术水平，以保障运输安全。同时，公路运输企业将更加注重服务品质的提升，以满足消费者对高品质运输服务的需求。高品质的运输服务将涵盖更舒适的乘车环境、更完善的服务设施以及更加人性化的服务体验等方面。

4.市场整合和国际化

在未来，公路交通运输市场将进一步整合，通过兼并、收购等方式实现规模化、集约化经营。这有利于提高公路运输企业的竞争力，推动行业整体发展。同时，随着全球化的深入发展，公路交通运输市场的国际化趋势将日益明显。我国的公路运输企业将积极参与国际市场竞争，拓展海外业务，推动公路交通运输市场的国际合作与交流。

综上所述，我国公路交通运输市场的发展趋势主要表现在智能化和绿色化、共享化和网络化、安全化和品质化、市场整合和国际化等方面。这些趋势相互作用、相互影响，共同推动公路交通运输市场的持续发展与创新。面对挑战与机遇，政府、企业和社会各界应共同努力，为公路交通运输市场的健康发展创造有利条件。

二、公路交通运输市场的供需

（一）公路交通运输市场的需求分析

分析公路交通运输市场的需求是理解市场运行机制的关键环节。公路交通运输市场的需求受到多种因素的影响，这些因素不仅包括经济因素，也包括社会、政策和环境等因素。在深入理解这些因素对公路交通运输市场需求的综合影响的基础上，相关企业能更好地把握市场动态，从而制定出合理的发展策略。

1.经济增长

公路交通运输市场的发展与经济增长密切相关。随着经济的持续增长，生产和消费活动不断增加，人们对公路交通运输服务的需求也不断增加。经济增长促进了地区间经济联系的加强，使得商品和人员的流动更加频繁，从而增加了公路交通运输需求。

2.人口流动与分布

人口流动与分布对公路交通运输市场的发展具有重要影响。人口密集地区通常会产生较大的运输需求，因为这些地区有更多的经济活动。城市化进程的加快使得城市人口数量不断增加，进一步推动了城市内部和城市间公路交通运输需求的增长。此外，人口迁移数量的增加，如农民工进城、城市人口流入郊区等，为公路交通运输市场提供了新的机遇。人口的分布状况也会影响公路交通运输需求，例如山区、偏远地区的运输需求可能与平原地区存在差异。

3.政策与法规

政府的投资政策、交通政策和税收政策等都会对公路交通运输需求产生直接或间接的影响。例如，政府对公路建设的投资增加，可能会促进地区间公路交通运输的发展，从而增加运输需求。税收政策的变化可能影响企业的运输成本，进而影响运输需求。此外，政府制定的相关法规对于规范市场行为、保障运输安全等具有重要作用。例如，交通安全法规可能会使运输成本提高，但同时也保障了运输的顺利进行。因此，政策与法规对公路交通运输市场的需求有着重要影响。

4.科技的进步与普及

科技的进步与普及对公路交通运输市场产生了深远的影响。公路交通运输领域内对信息技术的应用，提高了运输效率，改变了运输需求的结构。一方面，科技的进步与普及提高了运输工具的自动化和智能化水平，使得公路交通运输更加高效和安全。例如，无人驾驶、智能物流等系统能够实现精准的路线规划和货物追踪，减少了运输延误和损耗。另一方面，科技的进步与普及也促进了新业态和商业模式的发展，从而改变了运输需求。例如，电子商务和物流配送服务的兴起，使得快递运输、零担运输等细分市场的需求大幅增加。

5.可持续发展

随着人们环境保护意识的提高，可持续发展成为公路交通运输市场的重要发展趋势。一方面，政府加强了对环保法规的制定和执行，要求企业采取更加环保的运输方式和技术，以减少对环境的负面影响。另一方面，消费者对环保、低碳的出行方式越来越关注，对绿色出行的需求也在增加，促使公路运输企业探索使用绿色能源，提供更加环保的运输服务。例如，电动汽车和绿色燃料的应用逐渐普及，为公路交通运输市场提供了新的发展机遇。

6.消费者的出行习惯与对运输服务的期望

消费者的出行习惯与对运输服务的期望也是影响公路交通运输市场需求的重要因素。一方面，消费者的出行习惯决定了他们对不同运输方式的选择。例如，年轻一代更倾向于选择便捷、舒适的出行方式，而老年人可能更注重价格因素。另一方面，消费者对运输服务的期望也影响运输需求。例如，消费者对快递、货运等服务的便利性和时效性有较高要求，这促使公路运输企业不断提升运输服务的品质和效率。

（二）公路交通运输市场的供给分析

在公路交通运输市场中，供给方是指提供运输服务的各类企业和个体经营者。这些供给方的行为和决策直接影响公路交通运输市场的运输能力和服务水平。以下是对公路交通运输市场供给的分析，分别从市场主体、运输能力、服务质量三个方面展开。

1.市场主体

公路交通运输市场的供给方主要包括专业的公路运输企业、个体运输经营者和相关辅助服务企业。这些市场主体构成了一个多元化、竞争性的供给结构。

专业的公路运输企业通常具备雄厚的资本实力和完善的运输网络，能够提供大规模、高效率的运输服务。这些企业可通过优化资源布局、引入先进技术和提高运营效率等方式来满足市场需求。个体运输经营者则以灵活性和适应性在市场中占据一定份额。他们通常专注于某一特定区域或公路交通运输的细分市场，能够快速响应市场变化。相关辅助服务企业为上述两类供给方提供必要的支持服务，如物流咨询、运输保险等，这些企业通过提供专业化的服务来满足人们的多样化需求。

2.运输能力

运输能力是供给方在公路交通运输市场中提供服务的基础。随着社会经济的快速发展，供给方的运输能力也在不断提高。一方面，政府对公路建设的投资不断加大，推动了公路交通运输网络的不断完善和升级。这为供给方提供了更加便捷、高效的运输通道。另一方面，随着运输工具的更新换代，新型运输车辆不断涌现，提高了供给方的运输能力和运输效率。然而，供给方运输能力的提高也受到一些因素的制约。例如，交通拥堵问题、道路安全问题以及环保要求等都可能对供给方的实际运输能力产生影响。因此，供给方需要在满足市场需求的同时，关注这些制约因素，寻求可持续发展的路径。

3.服务质量

服务质量是衡量供给方竞争力的重要因素。在公路交通运输市场中，服务质量涵盖了运输服务的安全性、时效性、舒适性和价格等多个方面。安全性是对运输服务的基本要求，也是消费者最关注的服务指标之一。供给方需要采取有效的安全措施，确保货物和人员的安全运输。时效性对于满足市场需求至关重要，特别是对于快递运输、零担运输等细分市场而言。有出行需求的消费者还会特别关注运输服务的舒适性和价格。

（三）市场供需平衡与价格机制

在公路交通运输市场中，供需平衡与价格机制是相互关联的，它们共同决定了市场的运行效率和资源的配置。市场供需平衡是指公路交通运输市场上的供给与需求达到一种相对稳定的状态，而价格机制则是调节公路交通运输市场供需的重要手段。

1.市场供需平衡

在公路交通运输市场中，供需平衡是指供给方具有的运输能力和需求方产生的运输需求相匹配，从而实现市场的均衡发展。当市场出现供不应求或供过于求的情况时，就会造成运输瓶颈或运输资源浪费等现象，不利于公路交通运输市场的健康发展。为实现公路交通运输市场供需平衡，政府需要做到以下几个方面：一是加强市场监测和分析，及时掌握运输需求和供给的变化趋势；二是提高供给方的响应速度和服务质量，以满足市场需求；三是加强政策引导和支持，促进市场供需平衡的长期稳定。

2.价格机制

价格机制是调节市场供需的重要手段。在公路交通运输市场中，价格机制通过价格的涨跌来反映市场的供需状况，并引导市场主体作出相应的决策。当市场出现供不应求的情况时，运输价格往往会上涨，这会刺激供给方增加相关投入，以满足市场需求。同时，价格上涨也会抑制部分需求，使得市场的供需关系逐步趋向平衡。相反，当市场出现供过于求的情况时，运输价格往往会下跌。这会促使部分供给方优化运输资源配置，减少运输服务供给量，以适应市场需求。同时，价格下跌也会刺激部分需求，提高市场的活跃度，从而达到供需平衡。价格机制的有效性取决于市场的竞争程度和信息的透明度。在一个竞争激烈的市场中，价格机制能够快速地调节供需关系。同时，信息的透明度有助于市场主体作出正确的决策。然而，价格机制也存在一定的局限性。例如，在某些细分市场中，由于运输需求的刚性和替代品的缺乏，价格机制可能无法有效地调节供需关系。此外，外部因素如政策干预、自然灾害等也可能对价格机制产生影响。

第三节　公路交通运输市场与其他市场的关系

公路交通运输市场作为综合交通体系的重要组成部分,与其他市场之间存在着密切的关系。这些关系不仅体现在直接的业务合作上,还涉及政策、技术、环境等多个方面。深入理解这些关系有助于更好地把握公路交通运输市场的发展趋势及其面对的挑战和机遇,从而推动公路交通运输与经济协调发展。

一、与能源市场的关系

公路交通运输市场的运行离不开能源的消耗,尤其是燃油和电能。随着公路运输量的增长,公路交通运输市场对能源的需求也不断增加。一方面,能源价格的波动直接影响公路交通运输的成本。当能源价格上涨时,公路交通运输成本也随之增加,可能导致部分运输业务的萎缩或运输方式的改变。另一方面,为了满足日益增长的公路交通运输需求,能源市场需要不断加大能源的供应量。同时,为了实现可持续发展,能源市场也需要关注可再生能源的研发和应用,减少企业对传统能源的依赖。

二、与制造业市场的关系

制造业市场的发展与公路交通运输市场密不可分。制造业需要大量的原材料和零部件，这些物资的运输离不开公路交通运输市场的支持。高效的公路运输能够确保原材料及时供应，降低库存成本，提高制造业的生产效率。同时，制造业生产出来的产品也需要通过公路运输进行分销，最终送达给用户。因此，公路交通运输市场的服务质量、运价和时效直接影响制造业的生产和销售。随着制造业的转型升级和供应链的全球化发展，制造业市场对公路交通运输市场的要求也在不断提高。

三、与房地产市场的关系

房地产市场对公路交通运输市场有重要影响。一方面，随着城市化进程的加快和人口流动性的增加，居民对住房和办公用房的需求不断增加。这种需求的增长促进了房地产市场的繁荣，进而加大了对城市基础设施的需求，包括公路交通设施的建设和维护。另一方面，便捷的公路交通运输条件能够吸引更多的购房者和投资者，推动房地产市场的进一步发展。同时，公路交通运输网络的发展也为房地产项目的开发提供了更好的市场环境。

四、与金融市场的关系

公路交通运输市场与金融市场的关系主要体现在资金流动和融资方面。首先，公路交通运输项目需要大量的资金投入，包括基础设施建设、车辆购置、运营维护等。金融机构通过发放贷款、发行债券等方式，为公路交通运输项目提供了资金支持。其次，金融机构为公路运输企业提供了保险、投资等金融服务，帮助企业规避风险、提高资金使用效率。同时，金融市场的利率、汇率等政策也会对公路交通运输市场的成本和收益产生影响。

五、与信息技术市场的关系

信息技术在公路交通运输领域的应用日益广泛，对公路交通运输市场产生了深远的影响。物联网、大数据分析等信息技术的发展，提高了公路交通运输的效率和安全性。此外，信息技术还为公路运输企业提供了更加便捷的管理和运营工具，如物流管理软件、在线预订系统等。

六、与旅游市场的关系

随着人们生活水平的提高和旅游业的快速发展，公路交通运输在旅游市场中发挥着越来越重要的作用。一方面，旅游市场的繁荣带动了公路客运需求的增长。另一方面，公路交通运输的便捷性和灵活性为游客提供了更加灵活的出行选择。此外，特色旅游路线的开发也丰富了公路交通运输市场的发展空间，推动了相关产业的发展。同时，为了满足游客的出行需求，公路交通运输市场需要提供更加舒适、安全的运输服务，加强道路建设和车辆维护等方面的工作。

七、与农业市场的关系

公路交通运输市场与农业市场密不可分，两者相互影响、相互促进。

首先，公路交通运输是连接农业生产和消费的重要纽带。农产品从农田到餐桌，需要经过采摘、加工、运输等环节，而公路交通运输市场承担着将这些环节串联起来的任务。没有便捷的公路交通运输，农产品难以从田间地头被运送到市场，消费者也难以获得新鲜的农产品。因此，公路交通运输的通达性和时效性直接影响农产品的流通效率和农业市场的繁荣。

其次，农业市场的发展对公路交通运输提出了更高的要求。随着农业产业化的推进和农业结构的调整，农业生产规模不断扩大，对农产品运输的需求也不断增加。这要求公路交通运输市场具备更高的运输能力和服务水平，以满足农业市场的需求。同时，农业市场的季节性特征也对公路交通运输调度能力提出了特殊要求。在农忙季节，大量农产品需要及时采收和运输，这就要求公路交通运输系统具备更强的调度能力。

最后，公路交通运输市场的发展也为农业市场的拓展提供了有力支持。一方面，便捷的公路交通运输使得农民可以将农产品销售到更远的地区，扩大了销售市场。另一方面，公路交通运输市场的发展也为农业产业链的延伸创造了条件。例如，通过公路交通运输网络，农产品的加工、储存、配送等环节能有机地结合起来，形成一体化的农业服务体系。

第四节　公路交通运输市场不正当竞争行为

一、公路交通运输市场不正当竞争行为的定义与特征

（一）不正当竞争行为的定义

不正当竞争行为，是指经营者在生产经营活动中，违反《中华人民共和国反不正当竞争法》规定，扰乱市场竞争秩序，损害其他经营者或者消费者的合

法权益的行为。

不正当竞争行为通常被定义为违反公平原则和诚实信用原则,旨在获取不正当的竞争优势或损害竞争对手利益的行为。在公路交通运输市场中,不正当竞争行为可能涉及价格操纵、虚假宣传、违规操作等手段,这些行为破坏了市场的公平竞争秩序,损害了其他经营者和消费者的合法权益。

(二)不正当竞争行为的特征

1.违法性

不正当竞争行为违反了国家相关的法律法规和商业道德规范。

2.欺诈性

有不正当竞争行为的经营者常常采用欺骗手段,隐瞒真实情况,误导消费者或竞争对手。

3.不公平性

有不正当竞争行为的经营者通过不正当手段获取竞争优势,损害了其他经营者和消费者的合法权益。

4.扰乱市场秩序

不正当竞争行为破坏了市场的公平竞争秩序,影响了市场的正常运行和发展。

二、公路交通运输市场不正当竞争行为的表现形式

(一)价格战与低价竞争

价格战是公路交通运输市场中最常见的不正当竞争行为之一,指的是公路运输企业为了争夺市场份额、提高知名度和竞争力、排挤竞争对手,采取低价策略吸引顾客,甚至不惜低于成本价运营。价格战对市场的影响是双面的。一

方面，它能够刺激消费者增加对交通运输的需求，提高市场的活跃度。另一方面，如果价格战过于激烈，会导致运输服务的质量下降，公路运输企业的利润空间受到挤压，进而影响企业的长期发展。同时，过度的价格战还可能导致公路交通运输行业的整体盈利能力下降，影响行业的稳定性和可持续性。

（二）超载运输与违规装载

超载运输是指车辆实际载重量超过核定载重量的行为。这种行为在公路交通运输市场中比较普遍，其产生的原因主要是公路运输企业为了降低运输成本和提高利润。超载运输不仅会对道路基础设施造成严重损坏，缩短道路使用寿命，增加养护成本，而且会增加交通事故风险，威胁人民群众的生命财产安全。超载运输的根源在于公路交通运输市场的恶性竞争和公路运输企业的逐利行为。一些公路运输企业为了降低运输成本、提高单车效益，采取超载运输或违规装载的方式。然而，这种行为不仅损害了其他守法经营者的利益，也给道路交通安全带来了严重隐患。

（三）偷漏税费与违规收费

一些公路运输企业为了降低成本、提高利润、增强市场竞争力，采取偷漏税费、违规收费等手段。这些行为不仅损害了国家的税收利益，也扰乱了市场秩序，还可能导致公路运输企业服务质量降低、安全生产投入不足等问题，进一步加剧市场的不正当竞争。

（四）虚假宣传与误导消费者

在公路交通运输市场中，虚假宣传与误导消费者是一种常见的不正当竞争行为。某些公路运输企业为了吸引更多的顾客，扩大市场份额，通过夸大其词或隐瞒真相等手段进行宣传，从而误导消费者。虚假宣传的主要形式包括夸大运输速度、服务质量和价格优势等。一些公路运输企业为了招揽顾客，可能会宣称自己拥有更快速、更安全、更舒适的运输服务，然而，这些宣传往往是言过其实，导致消费者在实际体验运输服务的过程中感到失望或受骗。

（五）串通投标与利益输送

在公路交通运输项目中，一些企业为了追求自身利益最大化，可能通过串通投标、利益输送等手段获取项目合同。这种行为不仅损害了其他竞争者的利益，也扰乱了市场秩序，妨碍了市场的公平竞争。串通投标是指多家企业之间通过达成协议、协同行动等方式，共同参与招标活动，以排挤其他竞争对手、提高自己中标机会的行为。这种行为通常表现为投标者之间私下协商、划分地盘、轮流中标等形式。利益输送则是指企业通过行贿、回扣等不正当手段向有关人员输送利益，以获取项目合同或其他不正当利益。在激烈的公路交通运输市场竞争中，一些企业可能感到压力巨大，为了获得项目合同或市场份额，不惜采取违法手段。然而，这种行为严重破坏了市场的公平竞争秩序，损害了其他守法经营者的利益。同时，也容易导致公路交通运输项目出现质量问题。

三、公路交通运输市场不正当竞争行为的影响与危害

不正当竞争行为在公路交通运输市场中具有极大的负面影响和危害，它不仅破坏了市场秩序，损害了消费者和其他经营者的权益，还阻碍了行业的健康发展。

第一，不正当竞争行为严重扰乱了市场秩序。在激烈的市场竞争环境中，公路运输企业本应通过提高运输服务质量、降低成本等正当手段来获取市场份额。然而，有些经营者通过不正当手段，如低价倾销、虚假宣传等，获取市场份额和利润，导致市场秩序混乱，破坏了市场的公平竞争机制。

第二，不正当竞争行为严重损害了消费者权益。消费者在市场中本应享有安全、优质、高效的运输服务，但在不正当竞争的环境下，消费者可能面临运

输服务质量下降、安全隐患增加等问题。一些公路运输企业为了降低成本、追求利润最大化，可能忽视对基础设施的投入和维护，导致道路交通安全风险增加。同时，虚假宣传等行为也会让消费者面临财产损失。

第三，不正当竞争行为也严重损害了其他经营者的合法利益。当有些经营者通过不正当手段获取市场份额和利润时，其他守法经营者可能因为无法与有不正当竞争行为的经营者抗衡，面临生存危机，从而退出市场，导致市场缺乏竞争、形成垄断。这不仅限制了公路交通运输市场的正常发展，也削弱了行业的创新能力和竞争力。

第四，不正当竞争行为阻碍了行业的健康发展。在公路交通运输市场中，安全、环保、高效等标准是行业发展的重要支撑。然而，不正当竞争行为可能导致公路运输企业降低服务质量，忽视安全风险，减少环保投入，从而影响到整个行业的可持续发展。同时，不正当竞争行为也容易导致行业内的恶性竞争和资源浪费，削弱行业的整体竞争力。

四、公路交通运输市场不正当竞争行为的成因分析

（一）法律法规不健全

法律法规的不健全是不正当竞争行为得以滋生的一个重要原因。

首先，法律法规的制定往往滞后于市场的发展。公路交通运输市场是一个快速发展的行业，新业态、新模式不断涌现。然而，相关法律法规的制定往往需要经过长时间的调研和讨论，导致法律法规的更新速度跟不上市场的变化速度，使得一些不正当竞争行为无法得到有效遏制。

其次，法律法规的条款过于宽泛和抽象，缺乏具体的实施细则。这导致在实际操作中，监管部门难以准确判断公路运输企业的行为是否违反了法律法规，也使得部分公路运输企业有空子可钻。一些公路运输企业可能会利用法律

法规的漏洞，采取不正当手段获取市场份额和利润。

值得注意的是，法律法规的执行也存在问题。即使有较为完善的法律法规，如果执法部门执法不严，也会给不正当竞争行为留下生存空间。

（二）监管力度不足

在公路交通运输市场中，监管力度不足也是不正当竞争行为频发的一个重要原因。监管部门在执行监管职责时存在各种问题，使得不正当竞争行为得以在市场中滋生。

首先，监管部门的人员和资源有限，导致监管力度不足。公路交通运输市场是一个庞大的市场，涉及众多的企业和运输工具，监管难度较大。然而，监管部门的人员配备和资源投入有限，难以对市场进行全面、有效的监管。这给不正当竞争行为留下了生存空间。

其次，监管部门的监管职责落实不到位也会导致监管力度不足。一些监管部门可能存在"以罚代管"现象，不注重日常监管，仅仅对发现的不正当竞争行为处以罚款，并不能从根本上解决问题。此外，一些监管部门在执行监管职责的过程中可能存在"人情执法"的现象，对某些公路运输企业网开一面，未能严格依法办事。这使得违法经营者有恃无恐，会继续采取不正当手段获取市场份额和利润。

最后，监管部门的监管方式和手段也存在问题。一些监管部门仍采用传统的监管方式，如现场检查、随机抽查等，未能充分利用现代信息技术手段创新监管方式、提高监管效率。这导致监管力度不足，难以对公路交通运输市场进行实时监管。

（三）市场结构不合理

公路交通运输市场结构的不合理也是不正当竞争行为频发的一个重要原因。市场结构的缺陷为个别经营者提供了可乘之机，使得市场竞争失衡，不利于市场的健康发展。

首先,市场集中度过高会导致竞争不足。在公路交通运输市场中,一些地区或特定领域的公路交通运输市场可能被大型企业垄断,缺乏有效的竞争机制。这种情况下,大型企业可能通过限制供应、抬高价格等手段来获取超额利润,损害消费者利益。由于缺乏竞争压力,这些大型企业可能会减少科技创新投入,运输服务质量也得不到提升。

其次,市场准入门槛和退出成本过高也是市场结构不合理的一个表现。在公路交通运输市场中,准入门槛过高会限制新企业进入市场,这可能导致现有企业缺乏竞争压力,从而降低运输服务质量。同时,过高的退出成本会使得经营不善的企业难以退出市场,造成运输资源浪费和市场秩序混乱。

最后,市场信息不对称也是市场结构不合理的一个重要因素。在公路交通运输市场中,信息不对称可能导致消费者无法准确判断运输企业的服务质量,从而使得低服务质量的企业也能获得市场份额。这种信息不对称容易引发企业的机会主义行为,如欺诈、哄抬价格等,损害消费者利益。

（四）企业自律意识薄弱

企业自律意识薄弱也是公路交通运输市场出现不正当竞争行为的一个重要原因。企业缺乏自我约束和规范经营的意识,往往为了追求短期利益而忽视长期发展和社会责任。

首先,一些企业对不正当竞争行为的危害认识不足。他们可能过于关注短期经济效益,而忽视了不正当竞争行为对市场秩序、消费者权益和企业声誉的长期影响。由于缺乏自律意识,这些企业往往容易采取一些不正当手段来获取市场份额和利润。

其次,企业自律意识的薄弱还表现在缺乏有效的内部管理和监督机制。部分公路运输企业未能建立完善的规章制度和内部管理流程,导致在经营活动中容易产生不正当竞争行为。同时,企业内部缺乏有效的监督和制约机制,使得一些不正当竞争行为得不到及时发现和纠正。

最后，企业自律意识的薄弱还与企业文化和价值观有关。一些企业的价值观偏向于追求短期利益，而忽视了社会责任和长远发展。以这种价值观为导向的企业往往容易忽视市场规则和法律法规，采取不正当手段来获取利益。

五、公路交通运输市场不正当竞争行为的治理策略

（一）完善法律法规体系，加大执法力度

对公路交通运输市场的不正当竞争行为进行治理，首要任务是完善法律法规体系，并加大执法力度。

首先，对现有法律法规进行全面梳理和完善。针对公路交通运输市场的特点和问题，相关部门对相关法律法规进行修订和补充，明确界定不正当竞争行为的范围和判定标准。同时，应加强法律法规的可操作性，减少模糊和宽泛的条款，为执法提供明确的指导。

其次，加大执法力度，依法打击不正当竞争行为。执法部门应加大执法力度，对发现的不正当竞争行为给予严肃处理，并追究相关人员的法律责任。此外，还应加强对执法人员的培训和教育，提高其专业素质和执法水平，确保执法过程的公正性和有效性。

最后，公路交通运输市场的发展涉及多个部门，这些部门应加强沟通和协作，形成执法合力，共同打击不正当竞争行为，维护市场的公平竞争秩序。

（二）强化监管机制，提高监管效能

针对公路交通运输市场的不正当竞争行为，除了完善法律法规体系和加大执法力度，还需要进一步强化监管机制，提高监管效能。这包括加强监管部门建设和管理、严格落实监管职责、创新监管方式和手段。

首先，加强监管部门建设和管理，提高监管能力。国家应增加监管部门的人员配备和资源投入，提高其专业素质和执法能力。同时，加强监管部门的内部管理，建立健全规章制度和操作流程，确保监管工作的规范化和高效化。

其次，严格落实监管职责，提高依法办事能力。在市场监管过程中，监管部门要始终坚持有法可依、执法必严、违法必究。对于企业的不正当竞争行为，要依法处理，这样也能对其他企业形成震慑，从而减少公路交通运输市场中的不正当竞争行为。

最后，创新监管方式和手段，提高监管效率。监管部门应充分利用现代信息技术，如大数据分析、云计算等，建立智能化监管平台。通过实时采集、分析和预警市场数据，监管部门能及时发现和遏制不正当竞争行为。同时，加强市场巡查和专项整治，对发现的问题进行深入调查和处理。

（三）优化市场结构，促进企业公平竞争

治理公路交通运输市场不正当竞争行为的另一个关键策略是优化市场结构，促进企业公平竞争。这需要相关部门采取一系列措施来降低市场集中度，提高市场透明度，加强企业合作。

首先，降低市场集中度，促进竞争。降低市场准入门槛，鼓励更多的企业进入公路交通运输市场。这样可以打破大型企业垄断市场的局面，促进市场的公平竞争。同时，降低市场退出成本，使得经营不善的企业能够及时退出市场，保持市场的动态平衡。此外，应加强反垄断执法，防止企业通过兼并、收购等方式形成垄断，维护市场的竞争秩序。

其次，提高市场透明度，减少信息不对称。建立健全信息披露机制，要求企业如实披露运输服务价格、运输服务质量等信息，保障消费者的知情权。通过提高市场透明度，减少信息不对称的现象，消费者能够更加理性地选择运输服务，促使企业提供更优质的运输服务和合理的价格。同时，加强信息平台建设，为消费者提供便捷的信息查询和比较服务，进一步促进公路交通运输市场

的公平竞争。

最后，加强企业合作，推动企业协同发展。政府应鼓励企业间建立合作机制，共同制定行业标准和规范，促进企业间的公平竞争和协同发展。企业间的合作，有助于形成良好的行业发展氛围，推动企业自觉遵守市场规则和法律法规。

（四）提高企业自律意识，加强行业自律

提高企业自律意识和加强行业自律是治理公路交通运输市场不正当竞争行为的内在要求。企业作为市场主体，应自觉遵守法律法规和行业规范，树立诚信经营的观念，积极营造良好的市场发展氛围。

首先，企业应强化自律意识，自觉遵守法律法规和行业规范。企业应认识到不正当竞争行为的危害，明确自身的社会责任和义务，树立正确的经营理念。在日常经营活动中，企业应严格遵守相关法律法规，尊重市场规则，不采取不正当手段获取利益，树立良好的企业形象。

其次，企业应加强内部管理，建立健全自律机制。企业应完善内部管理制度，建立严格的自律机制，加强对员工的培训和教育。同时，建立内部监督机制，加强对经营活动的监督和制约，及时发现和纠正不正当竞争行为。

最后，企业要积极参与行业自律组织建设，推动行业自律。行业协会和自律组织在加强行业自律方面发挥着重要作用。应建立健全行业自律组织体系，制定行业自律规则和标准，强化行业自律监管。行业自律组织体系的建设，有助于加强企业间的沟通与合作，维护市场秩序和公平竞争。同时，发挥行业协会的专业优势，组织开展行业培训、企业交流等活动，提高企业的自律意识，从而减少公路交通运输市场的不正当竞争行为。

（五）加强社会监督，建立健全举报奖励制度

除了立法机关、政府、企业和行业组织的努力，社会监督也是治理公路交通运输市场不正当竞争行为的重要力量。加强社会监督，建立健全举报奖励制度，能够有效激发社会各界的参与热情，形成对不正当竞争行为的群防群治格局。

首先，应提高社会公众的监督意识。广泛宣传和教育，有助于公众了解不正当竞争行为的危害以及监督不正当竞争行为的重要性，提高企业和消费者的法律意识，增强消费者的维权能力。政府应鼓励公众积极参与市场监督，对不正当竞争行为进行举报。同时，加强媒体的舆论监督作用，对不正当竞争行为进行曝光和舆论谴责，形成强大的社会舆论压力。

其次，建立健全举报奖励制度。政府应设立专门的举报渠道，方便公众对不正当竞争行为进行举报。对举报属实、为市场监管部门提供有价值线索的举报人，给予适当的奖励。这样可以激发公众的举报热情，提高监督的有效性。同时，加强举报信息的保密工作，保护举报人的隐私和安全，消除其后顾之忧。

最后，发挥行业协会和社会组织的作用。行业协会和社会组织在市场监督中扮演着重要角色。政府应鼓励行业协会和社会组织积极参与市场监督，对不正当竞争行为进行调查和曝光。除此之外，行业协会与社会组织应加强合作，共同推动公路交通运输市场规范发展。

（六）加强国际合作与交流，规范跨国企业竞争行为

为了有效治理不正当竞争行为，需要加强国际合作与交流。公路交通运输市场具有跨国性特征，跨国企业也可能有不正当竞争行为。因此，政府应当加强与其他国家的合作与交流，共同打击不正当竞争行为，维护全球公路交通运输市场的公平竞争秩序。

第五节　公路交通运输市场的经济规制

一、公路交通运输市场的价格规制

价格规制是公路交通运输市场经济规制的重要组成部分，制定价格规制的主要目的是确保市场公平竞争，使公路交通运输价格保持在合理区间。

（一）价格规制制定原则与实施方法

1.价格规制制定原则

在制定价格规制时，应遵循以下原则：

第一，公平原则。价格规制应确保所有经营者都能在公平的条件下进行竞争，防止出现价格歧视或其他不公平的行为。

第二，透明原则。价格规制要求价格的形成过程具有透明度，使消费者能够清楚地了解价格的构成和变动情况。这有助于保障消费者的选择权，提振消费信心。

第三，成本加成原则。价格规制通常采用成本加成的定价方法，即以企业的成本为基础，加上一定的利润率来确定价格。这种方法旨在防止企业通过高价获取超额利润。

第四，灵活性与稳定性相结合的原则。价格规制既要允许价格根据市场条件及时调整，又要防止价格的剧烈波动，确保市场的稳定运行。

第五，激励措施与约束条件相结合的原则。有效的价格规制应包含激励措施与约束条件。合理的激励措施能鼓励企业提高效率、降低成本；同时，设置约束条件，可防止企业通过不合理定价损害消费者利益。

2.价格规制实施方法

在实施价格规制时，通常采用以下几种方法：

第一，制定最高限价。政府设定公路交通运输服务的最高收费标准，防止企业过度收费。

第二，成本审查。相关部门定期对公路运输企业的成本进行审查，确保其定价与成本相匹配。

第三，价格监测。相关部门对公路交通运输市场上的实际交易价格进行监测，及时发现和纠正不合理的定价行为。

第四，实施听证会制度。在调整价格之前，相关部门组织听证会，听取各方意见，确保决策的公正性和合理性。

第五，信息披露。公路运输企业应依法披露定价信息和成本结构，提高价格决策的透明度。

（二）公路交通运输价格体系与定价机制

公路交通运输价格体系与定价机制是公路交通运输市场价格规制的重要组成部分。合理的价格体系与定价机制对于保障公路交通运输市场的公平竞争、促进运输资源的优化配置以及维护消费者的利益具有重要意义。

公路交通运输价格体系由多个方面组成，包括基础运价、里程运价、附加费和其他费用等。基础运价通常根据运输距离或货物重量确定，反映运输的基本成本；里程运价则根据运输里程分段定价，以满足不同距离的运输需求；附加费包括特殊服务费、保险费等，是对基础运价的补充；其他费用则包括税费、通行费等。

在制定定价机制时，相关部门应充分考虑公路交通运输市场的供求关系和价值规律。在市场经济条件下，价格由价值决定，主要受市场供求关系影响，政府通过制定规则和实施监管来维护市场的公平竞争。同时，考虑到公路交通运输行业的公益性，相关部门应对公路交通运输价格进行必要的干预，以维护公共利益和社会稳定。

除此之外，相关部门还需要考虑其他因素，如运输成本、市场供需状况、行业政策等。运输成本是定价的基础，包括人力成本、燃料成本、维护成本等。市场供需状况会影响价格的波动，供过于求时价格下降，供不应求时价格上升。此外，行业政策也会对定价产生影响，如政府对特定运输服务的补贴或税收优惠等。

为了提高定价机制的合理性和科学性，相关部门可以采用一些先进的定价方法。例如，基于成本和收益分析的定价模型、动态定价策略等。这些方法能够更好地反映消费者需求，传递市场信息，提高公路运输企业的经营效率和消费者的满意度。

（三）价格规制的效果评估与调整策略

为了确保价格规制的有效性，相关部门需要定期对其实施效果进行评估。通过评估价格规制的效果，相关部门可以了解价格规制的实施情况和市场反应，及时发现和解决存在的问题，从而为价格规制的调整提供依据。

1.价格规制的效果评估

评估价格规制的效果可以从多个方面进行，包括价格水平、服务质量、市场供需状况、消费者满意度等。通过收集相关数据和信息，相关部门对价格规制实施前后的市场变化进行分析和比较，可以全面了解价格规制的实施效果。

在评估过程中，需要注意以下几个方面：

第一，数据来源的可靠性。确保数据的真实性和准确性是评估价格规制实施效果的基础。相关部门需要从可靠的渠道获取数据，并对数据进行清洗和验证，以提高评估的准确性。

第二，指标体系的完整性。评估指标应全面反映价格规制的各个方面。除了价格水平，相关部门还应考虑服务质量、市场供需状况、消费者满意度等综合因素，以确保评估的全面性。

第三，比较基准的选择。选择合适的比较基准是准确评估价格规制实施效果的关键。与历史数据、行业平均水平或竞争对手的相关数据进行比较，可以更准确地反映价格规制的实施效果。

第四，定量分析与定性分析相结合。除了定量分析，相关部门还需要结合定性分析方法，如专家访谈、消费者调查等，以获取深层次的信息。

2.价格规制的调整策略

在效果评估的基础上，如果发现价格规制存在不足或问题，需要及时调整价格规制。具体可以从以下几个方面考虑：

第一，完善法律法规体系。政府应修订和完善相关法律法规，提高法律法规的可操作性和可执行性，为价格规制的实施提供更有力的法律保障。

第二，加大监管力度。相关部门应加大对企业价格违法行为的处罚力度，提高部门的威慑力，确保公路交通运输市场的公平竞争。

第三，优化定价机制。相关部门应根据市场信息和消费者需求调整定价策略，使定价机制更加合理和灵活。

第四，加强信息披露，提高信息透明度。公路运输企业应依法披露定价信息，使价格的形成过程更加公开和透明。

二、公路交通运输市场的准入与退出规制

（一）市场准入与退出规制制定的原则

市场准入与退出规制是公路交通运输市场经济规制的重要组成部分。市场准入规制是指对进入市场的企业进行必要的管理和限制，以防止低效企业或不良企业进入市场；市场退出规制则是指对经营不善的企业或违规的企业进行必要的惩罚和清退，以维护市场的良性竞争。

在制定公路交通运输市场准入与退出规制时，相关部门应遵循以下原则：

第一，公平竞争原则。确保所有企业都有平等的机会进入市场，不受歧视或限制。同时，在市场竞争中，所有企业应遵循相同的规则和标准，不得采取不正当手段。

第二，安全与质量保证原则。企业应具备必要的安全与质量保证能力，确保运输服务的安全性和可靠性。

第三，环境保护原则。企业应遵守环境保护法律法规，采取必要的措施减少公路交通运输活动对环境的不利影响。

第四，规模与技术原则。企业应具备一定的规模和专业技术，能够提供高效、可靠的运输服务。

（二）市场准入与退出规制制定应考虑的因素

在制定公路交通运输市场准入与退出规制时，相关部门应考虑以下几个因素：

第一，资质要求。企业应具备相应的资质证书和许可证，证明其具备从事公路交通运输业务的资格和能力。

第二，技术标准。企业应具备必要的技术设备和专业技术人才，确保运输服务的安全和质量。

第三，财务要求。企业应具备一定的财务实力和偿债能力，确保能够承担运输业务的风险和责任。

第四，经营条件。企业应具备必要的经营条件，如固定的经营场所、完善的组织机构和管理制度等。

第五，信誉记录。企业应具备良好的信誉，无重大违法违规行为和严重失信记录。

明确的公路交通运输市场准入与退出规制，可以规范企业的行为，维护市场秩序，促进公路交通运输市场健康发展。同时，政府应加大对市场的监管力度，严格实施市场准入与退出规制，确保市场的公平竞争和公共利益的最大化。

（三）资质审查与行政许可制度

在公路交通运输市场中，企业的资质和能力是影响市场秩序和运输服务质量的重要因素。为了确保市场的良性发展，相关部门需要建立有效的资质审查与行政许可制度，对进入市场的企业进行严格的资质审查和行政许可管理。

资质审查是行政许可的前置条件，主要是相关部门对企业是否具备从事公路交通运输业务的资格和能力进行评估。资质审查的内容包括企业的基本条件、技术设备、专业人员、管理制度等方面。通过资质审查，相关部门可以筛选出具备相应资质的企业，确保进入市场的企业具备提供安全、可靠、高效运输服务的能力。

行政许可是对通过资质审查的企业进行进一步的管理和限制，是企业进入市场的必要条件。行政许可的内容包括企业经营许可、业务许可等方面，对企业经营范围、经营条件等进行明确规定。通过行政许可，相关部门可以规范企业的经营行为，防止企业超范围经营或违规经营，有利于维护公路交通运输市场的公平竞争和规范发展。

在实施资质审查与行政许可制度时，相关部门需要注意以下几个方面：

1.确保制度的公平性和透明度

实施资质审查与行政许可制度，首先需要确保制度的公平性和透明度。资质审查与行政许可制度的公平、透明意味着所有市场参与者都应遵循同样的规则，不会因为个人关系、背景或其他非正当因素而受到不同的待遇。确保制度的公平性可以维护市场的正常秩序，保证市场竞争的公平。确保制度的透明度则有助于防止暗箱操作，让所有市场参与者对规则有明确的了解，从而作出合理的决策。

2.加大监管和处罚力度

制度的实施离不开有效的监管。相关部门应加强对公路交通运输市场的监管，确保所有的市场参与者都遵守资质审查与行政许可制度。对于违反制度的行为，相关部门应给予相应的处罚，以此警示其他市场参与者。加大监管和处罚力度可以维护制度的权威性，确保制度的顺利实施。

3.定期复查和更新资质审查与行政许可制度

资质审查与行政许可制度不应一成不变，而应根据市场变化和技术发展进行定期的复查和更新，这有助于确保资质审查与行政许可制度始终反映当前的市场环境和企业的实际情况。通过复查和更新，相关部门可以及时调整制度中不合适的部分，使其更符合市场需求和发展趋势。

4.提高服务质量与效率

资质审查与行政许可制度的执行部门应不断提高服务质量与效率，减少市场参与者的等待时间和成本，提高自身的公信力。通过优化流程、提高办事效率、加强人员培训等方式，执行部门可以提供更专业、更高效的服务，推动该制度的顺利实施。

5.促进技术创新

资质审查与行政许可制度的实施不仅有利于维护市场秩序，还能促进技术创新。资质审查和行政许可制度通常要求进入市场的企业具备一定的创新能力。这会促使企业不断进行研发，提升自身的技术水平，以满足市场的需要。

建立完善的资质审查与行政许可制度，可以进一步规范公路交通运输市场准入与退出规制，提高企业的服务质量和市场竞争力，促进市场的健康、可持续发展。同时，政府应加强对制度执行情况的监督检查，确保制度的有效实施，维护市场的公平竞争。

（四）市场退出机制的完善与创新

市场退出规制是公路交通运输市场经济规制的重要组成部分，旨在确保市场的良性竞争和规范发展。然而，传统的市场退出机制存在着一些不足和局限性，需要进一步完善和创新。

首先，传统的市场退出机制通常是在企业违法违规或经营不善的情况下对企业采取的惩罚性措施，如吊销营业执照、罚款等。这种事后惩罚性的做法很难起到预防作用,且会对企业的声誉和未来发展造成不良影响。因此,需要建立更加完善的事前预防和事中监管机制,及时发现和纠正企业的违规行为,降低市场退出的风险。

其次,传统的市场退出机制往往只关注企业的经济指标,如资产状况、负债率等,而忽略了对企业提供的运输服务质量、承担的社会责任等方面的考量。这可能导致一些企业虽然经济指标良好,但提供的运输服务质量较差,对消费者利益造成一定损害。因此,需要进一步完善市场退出机制,将运输服务质量、安全水平、承担的社会责任等纳入考量范围,更好地维护消费者利益和社会公共利益。

此外,对于一些中小型运输企业来说,其由于规模较小,缺乏竞争力,很容易面临市场退出风险。因此,相关部门需要为这些企业提供更加周全的帮扶措施和退出通道,降低企业的市场退出风险和成本。

为了完善和创新市场退出机制,可以采取以下措施:

1.建立预警机制

通过建立预警机制,相关部门可以实时监测和分析企业的经营状况、服务质量、安全记录等信息,及时发现企业的潜在风险,采取相应的预防措施。

2.完善法律法规

制定更加完善的法律法规,明确企业退出的标准和程序,规范企业的经营行为和市场退出行为。

3.加强社会监督

鼓励社会各界参与对企业的监督,通过公众举报、媒体曝光等方式及时发现和纠正企业的违规行为。

4.采取帮扶措施

为面临市场退出风险的企业提供政策扶持、融资支持、并购重组支持等,降低企业的市场退出风险和成本。

5.创新退出方式

探索多元化的市场退出方式,如资产剥离、股权转让、破产重组等,为企业提供更加灵活的市场退出通道。

三、公路交通运输市场的服务质量规制

（一）服务质量标准的制定与实施

服务质量是公路交通运输市场的核心竞争力，也是消费者最为关注的方面。为了保障运输服务的质量，提升公路交通运输市场竞争力，相关部门需要制定明确的服务质量标准。服务质量标准的制定应基于市场需求和消费者期望。通过市场调研和消费者反馈，了解消费者对运输服务质量的要求和关注点，从而确定标准的内容和要求。同时，参考国内外同行业的先进标准和规范，结合实际情况制定具有竞争力的服务质量标准。在标准的制定过程中，还应充分考虑企业的实际情况和行业特点，确保标准具有可行性和可操作性。

此外，服务质量标准的实施需要政府、企业和社会各方的共同努力。政府应严格按照服务质量标准进行相关的执法与监管活动，并向企业普及运输服务质量标准。企业自身也应加强内部管理，完善质量管理体系和服务流程，确保运输服务质量和安全。此外，发挥行业协会的参与和监督作用，推动行业自律和发展。

（二）质量监管与第三方评估体系的建设

建设质量监管与第三方评估体系是确保公路交通运输市场中企业提供的运输服务质量符合标准的重要手段。通过建立完善的质量监管与第三方评估体系，政府可以对企业提供的运输服务进行全面、客观、公正的评价，促进企业提升服务质量，满足消费者需求。

第一，政府应加强对企业的质量监管，制定严格的监管措施。例如，设立专门的质量监管机构，负责对企业提供的运输服务进行定期检查、不定期抽查

和质量评估，确保企业提供的运输服务符合质量标准。对于提供的运输服务不符合质量标准的企业，政府应采取相应的整改和处罚措施，督促企业提高运输服务质量。

第二，建立第三方评估体系是促进市场公平竞争的有效途径。第三方评估机构应独立于政府和企业，具有专业性和客观性。这些机构可以定期对企业的运输服务进行质量评估，并发布评估报告，为消费者提供参考。同时，第三方评估机构可以接受消费者的投诉和反馈，对企业的服务质量进行监督，要求企业改进其运输服务质量。

（三）违法违规行为的处罚措施

违法违规行为是公路交通运输市场中的一大问题，不仅损害了消费者的合法权益，也影响了公路交通运输市场的公平竞争和行业的健康发展。采取有效的处罚措施对于纠正违法违规行为、维护市场秩序至关重要。

对于轻微违法违规行为，政府可以采取警告、责令改正等行政处罚措施。这些措施旨在提醒企业要认识到自身行为的不当之处，并应及时改正。政府通过口头或书面的警告，可使企业意识到保障服务质量的重要性，自觉遵守相关法律法规和服务质量标准。

对于严重违法违规行为，政府应采取更严厉的处罚措施，如罚款、吊销营业执照等。罚款应当根据违法违规行为的严重程度进行合理确定，既要起到惩罚作用，也要避免对企业的正常经营造成过大的负担。吊销营业执照则是针对严重违法或多次违规的企业，通过取消其经营资格来维护市场的公平竞争。

除了行政处罚措施外，政府还可以采取行业禁入等措施。对严重违规的企业，政府可以禁止其继续从事相关业务，以防止其对市场造成不良影响。这种处罚措施可以有效地遏制企业的违法违规行为，并促使其加强自律。

除了政府，行业协会和第三方评估机构也可以在纠正企业违法违规行为方面发挥重要作用。行业协会可以根据行业自律规范，对违规企业进行内部惩戒，如警告、通报批评等。第三方评估机构可以根据其评估结果对企业的服务质量进行公示，曝光服务质量差的企业，促使企业提高服务质量。

四、公路交通运输市场的反垄断与反不正当竞争规制

（一）反垄断与反不正当竞争规制制定的目的与应考虑的因素

1. 反垄断与反不正当竞争规制制定的目的

在公路交通运输市场中，制定反垄断与反不正当竞争规制的目的是维护市场的公平竞争秩序，防止市场垄断和控制行为，促进市场的健康发展。

2. 反垄断与反不正当竞争规制制定应考虑的因素

第一，应当以维护市场的公平竞争为基本原则。竞争是市场经济的核心，只有在公平竞争的环境下，企业才能通过技术创新、降低成本、提高服务质量等方式获得竞争优势。反垄断与反不正当竞争规制应当保护公平竞争，防止企业通过垄断行为或控制市场来排除或限制竞争。

第二，应当鼓励企业进行合理竞争。在公路交通运输市场中，企业之间的竞争是不可避免的。合理的竞争能够推动企业不断提高自身的竞争力，促进市场的创新和发展。反垄断与反不正当竞争规制应当鼓励企业通过合理竞争来获得市场份额和利润。

第三，应当保护消费者的合法权益。消费者是市场的最大受益者，也是市场发展的动力源泉。反垄断与反不正当竞争规制应当确保市场提供的运输服务的价格、质量等符合消费者的需求，防止企业通过垄断行为来提高运输服务价格、降低运输服务质量，损害消费者的合法权益。

（二）行业自律组织在反垄断与反不正当竞争规制中的功能

行业自律组织在公路交通运输市场的反垄断与反不正当竞争规制中扮演着重要的角色。这些组织通过制定行业自律规范、开展培训和宣传活动、调解企业纠纷、监督企业违规行为、加强国际交流与合作等方式，促进企业自觉遵守法律法规，公平参与市场竞争，共同维护市场的竞争秩序。

首先，行业自律组织可以制定行业自律规范，对企业行为进行指导和约束。这些规范通常包括禁止不正当竞争、限制垄断行为等方面的内容，旨在引导企业遵守法律法规和公平竞争原则。通过行业自律组织的引导和监督，企业可以更加自觉地规范自身行为，避免违规行为的发生。

其次，行业自律组织可以开展培训和宣传活动，提高企业的法律意识。例如，定期举办培训班、研讨会等活动，向企业普及反垄断和反不正当竞争方面的法律法规，提高企业的法律意识和维权能力。同时，通过宣传活动，企业可增强自身的社会责任感，进而自觉遵守市场规则。

再次，行业自律组织还可以发挥调解企业纠纷、监督企业违规行为的作用。当企业之间出现纠纷或矛盾时，行业自律组织可以发挥调解作用，引导双方协商解决。同时，对于发现的企业违规行为，行业自律组织可以向相关部门反映情况，并配合政府进行调查和处理。发挥行业自律组织的监督和调解作用，可以有效减少公路交通运输市场中的垄断行为和不正当竞争行为。

最后，行业自律组织还可以加强国际合作与交流。公路交通运输市场中的不正当竞争行为可能涉及跨国企业，对此，行业自律组织可以与其他国家的公路交通运输市场建立合作关系，共同制定具有国际性的行业自律规范，加强信息交流和经验分享。加强国际合作与交流，可以有效打击跨国企业的不正当竞争行为，维护全球市场的公平竞争秩序。

第六节　公路交通运输市场营销

一、公路交通运输市场营销概述

（一）市场营销的基本概念与原则

市场营销是现代商业活动的重要组成部分，它指的是商品或服务从生产者转移到消费者的过程。简单来说，市场营销就是以满足消费者需求和愿望为核心，通过创造并交换价值来实现企业目标的过程。

企业需要通过市场研究，深入了解目标市场的消费者需求，然后设计并提供满足这些需求的产品或服务。为了有效地满足消费者的需求，企业在进行市场营销时需要遵循一些原则：

第一，以人为本原则。这是市场营销的核心原则，意味着营销策略应始终以消费者的需求、期望和利益为出发点。

第二，差异化原则。在高度竞争的市场环境中，企业需要提供独特的产品或服务，以区别于其他竞争对手。实现差异化可以从多个方面入手，如品牌形象、产品或服务质量、产品或服务价格、销售渠道等。

第三，关系营销原则。这一原则强调企业通过提供卓越的客户服务、建立品牌忠诚度、与消费者进行有效的沟通等方式，与消费者建立长期的、互利的关系。

第四，整合营销原则。这一原则意味着企业需要综合运用各种营销手段，如广告宣传、公共关系管理等，以实现营销目标。这些营销手段需要根据市场环境和企业目标进行有效的整合，以实现营销效果最大化。

第五，数据驱动原则。在数字化时代，企业需要利用数据来指导营销策略的制定和实施。通过收集和分析消费者数据，企业可以更好地掌握消费者需求，优化营销策略，提高营销效果。

这些原则为企业提供了在竞争激烈的市场环境中取得成功的框架。然而，这些原则并非一成不变。随着市场环境的变化和消费者需求的改变，企业需要灵活运用这些原则，并根据具体情况进行调整和创新。

（二）公路交通运输市场营销的特点与重要性

公路交通运输是现代化经济体系的重要组成部分，它涉及人们的出行、货物的运输等方面，与人们的生活和工作密切相关。

1. 公路交通运输市场营销的特点

（1）服务性

公路交通运输行业提供的服务涉及人们的出行和货物的运输，因此服务质量的高低直接影响到消费者的满意度和忠诚度。公路运输企业需要通过提供优质的运输服务来吸引和留住消费者。

（2）竞争性

公路交通运输市场存在激烈的竞争，公路运输企业需要不断创新和提升运输服务质量，以在竞争中获得优势。同时，公路运输企业还需要关注竞争对手的动态，及时调整自己的营销策略。

（3）网络性

公路交通运输市场具有网络性特征，公路运输企业需要在不同的地点和时间提供相应的运输服务，这要求公路运输企业具备强大的运营能力和管理能力。

（4）政策敏感性

公路交通运输市场受到政府的严格监管，因此，公路运输企业需要关注政策动向，遵守相关法律法规。同时，要积极参与相关政策的制定，维护自身的利益。

2.公路交通运输市场营销的重要性

（1）提高消费者满意度

通过提供优质的运输服务和相关产品，公路运输企业可以满足消费者的出行与运输需求，提高消费者的满意度和忠诚度。

（2）促进企业发展

通过制定和实施有效的市场营销策略，公路运输企业可以扩大市场份额，提高品牌知名度和美誉度，从而促进自身的发展。

（3）推动行业进步

合理的市场营销策略可以推动运输企业不断创新和提高运输服务质量，从而推动整个公路交通运输行业的进步。

（4）优化资源配置

市场营销有利于公路交通运输市场更加合理地配置运输资源，也有助于提高公路运输企业的运营效率和管理水平。

（三）公路交通运输市场营销的发展趋势

随着科技的进步和市场的变化，公路交通运输市场营销也在不断发展。以下是公路交通运输市场营销的发展趋势：

1.数字化和智能化营销

随着互联网技术和移动设备的普及，数字化营销已成为主流。公路运输企业可以通过在线平台、社交媒体和其他数字渠道与消费者进行互动，提供定制化的运输服务和营销信息。同时，利用大数据分析和人工智能技术，企业可以更准确地分析消费者行为和市场趋势，从而制定更精准的营销策略。

2.绿色和可持续发展

随着环保意识的增强，消费者对绿色、可持续发展的交通方式和运输服务的需求越来越高。公路运输企业需要承担社会责任，推广环保理念，提供绿色出行和运输服务，打造可持续发展的交通方案，以满足消费者的需求。

3.共享经济和联合运输

共享经济在公路交通运输市场也展现出巨大的潜力。通过共享平台，企业可以提供拼车、共享单车等服务，满足消费者对便利出行和环保出行的需求。同时，联合运输模式也可以提高企业的运输效率，降低运输成本，促使企业为消费者提供更优质的运输服务。

4.个性化和定制化服务

随着消费者需求日益呈现多样化特点，公路运输企业需要提供个性化和定制化的运输服务来满足消费者的需求。例如，根据消费者的出行计划、预算和消费偏好，提供定制的行程规划和运输服务。

5.强化品牌建设和提升服务质量

品牌效应和服务质量是吸引消费者的关键因素。公路运输企业需要强化品牌建设、提升服务质量，通过提供优质的运输服务和良好的用户体验来赢得消费者的信任。

6.跨界合作和创新

跨界合作和创新是公路交通运输市场营销发展的重要趋势。公路运输企业可以与其他行业的企业进行合作，探索新的商业模式和服务模式。例如，公路运输企业可以与科技公司合作开发智能交通系统，也可以与旅游公司合作为消费者提供一体化出行方案。

二、公路交通运输市场营销分析

（一）目标市场选择与企业自身定位

正确的目标市场选择与企业自身定位是公路运输企业在市场竞争中取得优势的关键。企业需要对市场进行深入的分析，了解市场需求、竞争态势以及自身优势，从而确定目标市场并制定相应的营销策略。

首先，企业需要对市场进行细分。根据消费者的需求、行为特征和消费偏好等因素，将市场划分为不同的细分市场。对于公路交通运输市场，可以根据地理区域、运输货物类型、运输距离和运输频率等因素进行细分。

其次，企业需要评估各个细分市场的吸引力。在公路交通运输市场中，各个细分市场的吸引力包括市场规模、增长潜力、竞争状况以及盈利水平等方面。公路运输企业应选择那些具有较大市场规模、增长潜力大且竞争相对较小的细分市场作为目标市场。

再次，在确定了目标市场后，企业需要对自身进行定位。这包括与竞争对手的比较，以及确定自身在目标市场中的特色和优势。企业应关注自身的核心竞争力，如运输网络覆盖范围、运输效率、运输服务质量等方面。

最后，企业需要根据目标市场的需求和对自身的定位，制定相应的营销策略，包括产品或服务策略、价格策略、渠道策略和促销策略等。企业应提供符合目标市场需求的产品或服务，制定具有竞争力的价格，选择合适的销售渠道，并运用有效的促销手段来吸引消费者。

（二）市场需求分析与预测

对公路交通运输市场需求的分析与预测是公路运输企业在市场中制定有效策略的基础。准确的市场需求分析与预测能帮助企业了解市场动态，把握消费者需求，从而更好地应对市场变化。

首先，企业需要对当前公路交通运输市场的需求进行深入分析，包括对现有客户的需求、消费习惯、购买行为等进行深入研究。通过调查、访谈、数据分析等方法，了解消费者对公路交通运输服务需求的特点，如运输频率、运输距离、货物类型等。此外，企业还应关注潜在客户的需求，挖掘潜在的市场机会。

其次，企业需要对市场需求进行预测。这涉及对未来公路交通运输市场需求的变化趋势进行预测，包括对市场规模、需求结构、消费偏好等方面的预测。

预测方法有多种，如时间序列分析、回归分析、趋势外推等。企业应选择合适的方法，结合历史数据和市场环境等因素进行预测，以获得较为准确的结果。在预测过程中，企业应关注影响市场需求的关键因素。这些因素包括经济发展状况、区域人口的增长与流动、政策法规、技术进步等。通过分析这些因素的变化趋势，企业可以更好地把握市场需求的变化趋势。

最后，公路运输企业需要根据市场需求分析与预测的结果，制定相应的营销策略。如果预测结果显示市场需求将增长，企业可以扩大规模、增加投入，提高运输服务质量和效率；如果预测结果显示市场需求将下降，企业可以调整市场定位、优化资源配置，以应对市场需求的变化。此外，市场需求分析与预测是一个持续的过程。企业应定期进行市场调研，收集和分析数据，及时调整和优化营销策略，以保持营销策略与市场需求的同步。

（三）消费者行为与心理分析

消费者行为与心理分析是公路交通运输市场营销分析的重要组成部分。了解消费者的需求、偏好、决策过程和心理特征，有助于公路运输企业更好地满足消费者的运输需求，提升市场占有率。

首先，公路运输企业需要关注消费者的需求和偏好。不同的消费者对公路交通运输服务的需求和偏好存在差异。通过市场调查、数据分析等方式，公路运输企业可以了解不同消费者对运输时间、运输服务价格、运输安全性、服务质量等方面的需求，从而提供更加符合消费者需求的运输服务。

其次，公路运输企业需要分析消费者的决策过程。消费者的决策过程包括对运输服务的需求确认、信息收集、品牌知名度或服务质量的比较等阶段。公路运输企业应了解消费者在决策过程中的关注点、决策依据以及对不同品牌或服务的评价标准，从而优化自身提供的运输服务，激发消费者的购买欲望。

再次，公路运输企业还需要研究消费者的心理特征。消费者的心理特征包括价值观、生活方式、消费观念等，这些因素影响着消费者的购买行为和决策。

例如，对价格敏感的消费者更倾向于选择价格较低的运输服务，而注重安全性的消费者则更倾向于选择信誉良好的公路运输企业。因此，了解消费者的心理特征有助于公路运输企业更好地满足消费者的运输需求，提高消费者的满意度和忠诚度。

最后，公路运输企业应关注消费者行为的动态变化。随着市场环境的变化、消费者需求的升级以及技术的发展，消费者的行为和心理特征也在不断变化。公路运输企业应持续关注消费者行为的动态变化，及时调整自身的营销策略和服务模式，以更好地满足消费者的需求。

三、公路交通运输市场营销策略

（一）服务策略

1.公路交通运输服务的特点

公路交通运输服务是满足人们出行需求和货物运输需求的服务，具有以下特点：

首先，公路交通运输服务具有无形性。在公路交通运输市场中，消费者购买的是一系列的服务，如客运或货运服务，而不是具体的实物产品。因此，运输服务的质量对消费者至关重要。

其次，公路交通运输服务具有不可储存性。公路交通运输服务无法像实体产品那样被储存起来等待销售，这意味着公路运输企业需要精确地预测市场需求，并制定相应的生产和销售计划，以避免出现资源浪费或供不应求的情况。

最后，公路交通运输服务还具有地域性和时间性。公路运输企业需要在特定的时间和地点提供运输服务，因此服务的供应受到地理位置和时间的限制。公路运输企业需要考虑到不同地区的市场需求和竞争状况，制定差异化的营销策略。

2.公路交通运输服务的分类

公路交通运输服务可以按照运输对象和服务类型进行分类。

按照运输对象，公路交通运输服务可以分为客运服务和货运服务。客运服务主要满足人们的出行需求，而货运服务则可满足货物的运输需求。

按照服务类型，公路交通运输服务可以分为长途运输服务、短途运输服务等。长途运输服务指公路运输企业提供的较长距离的运输服务，而短途运输服务则主要满足特定区域内的运输需求。

3.服务创新与差异化策略

在公路交通运输市场中，服务创新与差异化策略是提升公路运输企业竞争力的重要手段。通过对公路交通运输服务的创新和差异化处理，公路运输企业可以满足消费者日益多样化的需求，并使自身与其他竞争对手区分开来。

首先，公路运输企业需要关注市场趋势和消费者需求的变化，及时进行服务创新。服务创新涉及服务模式、技术应用、运输方式等多个方面。例如，推出定制化的运输服务，根据消费者的特定需求提供个性化的解决方案；采用先进的信息技术，提升运输过程的智能化程度和运输效率；发展多式联运，以公路交通运输为基础，结合铁路、水路等多种运输方式，提供更高效、更可靠的运输服务。

其次，公路运输企业可以通过差异化策略来突显自身的竞争优势。实现差异化可以从运输路线、品牌建设、运输服务等方面入手。在运输路线方面，公路运输企业可以针对特定市场需求开发特色运输路线，以满足消费者的特殊需求；在品牌建设方面，公路运输企业可以塑造独特的品牌形象，提升消费者对企业的认知度和信任度；在运输服务方面，公路运输企业可以提供卓越的服务体验，建立良好的客户关系，提高客户的满意度和忠诚度。

最后，为了实现服务的创新与差异化，公路运输企业需要具备创新意识和敏锐的市场洞察力。同时，需要加大研发投入，提升技术实力，以支持服务创新。此外，公路运输企业应关注人才培养和团队建设，激发员工的创新精神和工作热情。

4.服务质量提升与品牌建设

在公路交通运输市场中，服务质量与品牌形象是影响消费者选择的重要因素。因此，服务质量提升与品牌建设是公路运输企业在激烈的市场竞争中取胜的关键策略。

公路运输企业应重视服务质量的持续提升。服务质量涵盖了运输过程的可靠性、安全性、时效性以及客户服务的质量。公路运输企业需要建立完善的服务质量管理体系，通过标准化操作和持续改进，确保服务质量得到稳定提升。同时，应关注消费者反馈，及时处理服务质量投诉，改进服务质量问题，持续优化服务流程，提升消费者满意度。

公路运输企业应加强品牌建设，提升品牌价值。品牌不仅是消费者识别企业的标识，也是企业价值的重要体现。在公路交通运输市场中，公路运输企业应明确自身的品牌定位，塑造独特的品牌形象。通过提供优质的运输服务、打造差异化的竞争优势，公路运输企业可以提升品牌的美誉度和消费者的忠诚度。同时，加大品牌传播力度，利用多种传播工具提高品牌知名度和影响力。

公路运输企业还可以通过提供附加服务和增值服务来提升服务质量与品牌价值。例如，提供货物保险服务、提供货物跟踪查询服务等。这些附加服务和增值服务可以提高消费者对公路运输企业的信任度和满意度，也有助于提高公路运输企业的盈利水平。

公路运输企业应关注市场变化和技术发展，不断创新服务模式和品牌传播方式。随着互联网的普及，数字化营销和社交媒体营销成为新的营销趋势。公路运输企业应充分利用这些新的营销方式，提升消费者体验，进一步扩大市场份额。

（二）价格策略

1.定价目标与原则

在公路交通运输市场中，价格策略是影响公路运输企业竞争力和市场份额的重要因素。合理的定价不仅能确保公路运输企业的盈利水平，还能吸引和留住消费者。明确定价目标并遵循一定的定价原则是制定有效价格策略的基础。

首先，公路运输企业应明确定价目标。定价目标通常与公路运输企业的经营战略和市场定位相关。例如，公路运输企业可能以追求市场份额为主要目标，通过较低的价格吸引更多消费者；也可能以追求利润最大化为目标，为部分客户提供高标准服务。明确目标有助于公路运输企业制定出更符合整体战略的价格策略。

其次，公路运输企业应遵循一定的定价原则。一是成本导向原则，即以成本为基础，加上合理的利润。这种原则考虑了企业的成本结构和预期利润，有助于保持企业的财务稳健。二是竞争导向原则，即参考竞争对手提供的服务价格来制定自己所提供的服务价格。这种原则充分考虑了市场竞争状况，有助于企业在市场竞争中保持竞争力。三是价值导向原则，即根据消费者对产品或服务的价值认知来制定价格。这种原则有助于确保自身的定价与消费者对产品或服务的价值感知相匹配。

2.定价策略与方法

在公路交通运输市场中，定价策略与方法的选择对于公路运输企业的盈利水平和市场竞争力至关重要。合理的定价策略不仅能确保公路运输企业的盈利水平，还能吸引和留住消费者。

公路运输企业可以根据市场竞争状况采用不同的定价策略。例如，可以采用低价策略，通过降低价格吸引更多消费者，扩大市场份额。这种策略通常适用于公路运输企业拥有较大的成本优势或竞争对手定价较高的情况。公路运输企业也可以采用高价策略，为部分客户提供独特的服务，并获得较高的利润。这种策略适用于公路运输企业提供的服务差异化程度较高，且消费者愿意为这些服务的独特价值支付较高费用的情况。

公路运输企业还可以采用动态定价策略,根据市场供需关系和时间因素调整服务价格。例如,在需求旺季时提高服务价格,在需求淡季时降低服务价格。这种策略有助于平衡供需关系,提高公路运输企业的盈利能力。

公路运输企业应保持对市场变化的敏感度,及时调整定价策略和方法。随着市场环境的变化、消费者需求的升级以及技术的发展,公路运输企业的定价策略也应随之调整。通过定期的市场调查和财务分析,公路运输企业可以了解定价策略的有效性并及时作出调整。

除此之外,公路运输企业还应综合考虑产品或服务的成本、品质、差异化程度,消费者对价格的敏感度,以及法律法规对价格的影响等因素。针对成本高、品质高、差异化程度高的产品或服务,可以设置更高的价格。通过市场调查和数据分析,公路运输企业可以更好地了解消费者的需求和对价格的敏感度,从而制定出更符合市场需求的定价策略。此外,法律法规对定价策略的制定也有一定约束,公路运输企业需要遵守相关法律法规,确保合法合规经营。

3.价格调整与优惠措施

在公路交通运输市场中,价格调整与优惠措施是公路运输企业在市场竞争赢得市场份额的重要手段。通过合理的价格调整,采取必要的优惠措施,公路运输企业可以吸引和留住消费者,扩大市场份额。

首先,公路运输企业应关注市场变化和竞争状况,及时进行价格调整。当市场需求下降或竞争加剧时,公路运输企业可以考虑降低价格以吸引消费者。反之,当市场需求增加或竞争减弱时,公路运输企业可以提高价格以增加利润。在对价格进行调整时,公路运输企业应谨慎评估市场反应,避免过度降价导致利润损失或过度涨价导致消费者流失。

其次,公路运输企业可以采取一系列优惠措施来刺激消费者的购买欲望。例如,捆绑销售、会员优惠等。这些优惠措施可以降低消费者的购买成本,提高消费者的满意度和忠诚度。对于长期合作的客户,公路运输企业还可以提供定制化的优惠方案,以满足他们的特殊需求。除了直接的优惠措施,公路运输企业还可以通过积分奖励等方式激励消费者购买服务。这些奖励方式可以提高消费者的忠诚度和复购率，同时为公路运输企业提供更多的数据和营销机会。

在进行价格调整与采取优惠措施时，公路运输企业应综合考虑成本、市场需求和竞争状况等因素。合理的价格调整有助于平衡供需关系，提高公路运输企业的盈利能力。优惠措施的制定则需要考虑成本效益和消费者的购买决策过程。通过市场调查和数据分析，公路运输企业可以更好地了解消费者的需求和行为模式，从而制定出更有效的价格调整方案和优惠措施。

（三）渠道策略

1.直接销售与间接销售的选择与平衡

在公路交通运输市场中，销售渠道的选择对于公路运输企业的市场覆盖、成本结构优化和客户关系管理至关重要。直接销售与间接销售各有优劣，公路运输企业应根据自身情况和市场环境进行选择与平衡。

直接销售的优势在于能够直接接触到消费者，更好地了解客户需求，提供定制化服务。此外，直接销售可以降低中间环节的损耗，提高利润空间。然而，直接销售需要投入大量的人力、物力和财力，但部分公路运输企业并不具备扩大市场覆盖范围的能力。

间接销售则是通过经销商、代理商等中间商销售服务。这种方式可以利用中间商的渠道资源快速实现市场覆盖，降低公路运输企业的销售成本。但间接销售可能导致公路运输企业与消费者之间的沟通不畅，难以满足消费者的个性化需求。

选择直接销售还是间接销售，要求公路运输企业综合考虑市场规模、成本结构、产品特性以及客户关系等因素。市场规模较大且自身实力较强的公路运输企业，可以选择以直接销售为主，以满足消费者的个性化需求；规模较小、资金有限的公路运输企业，可以考虑以间接销售为主，以快速扩大市场规模。

平衡直接销售与间接销售的关系是关键。公路运输企业可以根据市场发展阶段和自身战略目标进行动态调整。在市场开拓初期，选择间接销售有利于快速打开市场；随着市场的发展和消费者需求的提升，可以逐渐加大直接销售的力度。

此外，结合线上和线下渠道也是平衡直接销售与间接销售的有效方式。线上渠道有助于公路运输企业提供更便捷的服务和更好的客户体验，线下渠道则有助于公路运输企业建立品牌形象和赢得客户信任。

2.分销渠道的设计与管理

在公路交通运输市场中，分销渠道的设计与管理对于公路运输企业的市场覆盖、品牌形象强化和客户关系管理也很重要。一个高效、稳定和可控的分销渠道可以帮助公路运输企业更好地满足客户需求，扩大市场份额。

公路运输企业应根据市场状况、产品特点以及自身战略目标来设计分销渠道。在选择分销渠道时，公路运输企业需要考虑渠道的覆盖范围、专业程度、成本效益等因素。例如，对于需要广泛覆盖的服务，可以选择多元化的分销渠道；对于专业化、个性化的服务，可以选择专业化的分销渠道。

在设计分销渠道时，企业还需要考虑渠道成员的选择与合作方式。选择有实力、有信誉的分销商或代理商，可以增强公路运输企业的市场竞争力。同时，公路运输企业应与渠道成员建立互利共赢的合作关系，明确双方的权利与义务，确保渠道的稳定性和可控性。

为了确保分销渠道的高效运作，公路运输企业需要对所选择的分销渠道进行有效的管理，包括对渠道成员的培训与支持、对渠道销售情况的监控与评估、对渠道冲突的预防与解决等。公路运输企业应定期评估渠道成员的表现，提供必要的培训和支持，以提高其销售业绩。同时，公路运输企业应密切关注渠道销售情况，确保销售目标的实现。对于可能出现的渠道冲突，应做好预防工作；对于已经出现的渠道冲突，应及时采取措施加以解决。

此外，随着市场环境的变化和技术的进步，公路运输企业应不断优化分销渠道的设计与管理。例如，利用互联网技术，建立线上分销渠道，提高销售效率；与电商平台合作，拓展销售渠道；采用智能化的销售管理系统，提高对销售数据的分析与应用能力等。

3.电子商务平台的应用与拓展

随着互联网技术的快速发展,电子商务平台已成为公路运输企业的重要销售渠道。电子商务平台的应用与拓展不仅可以拓宽公路运输企业的销售渠道,提高销售效率,还可以提升公路运输企业的品牌知名度和客户满意度。

首先,公路运输企业应了解电子商务平台的优势和特点。电子商务平台具有便捷性、互动性和全球性等特点,可以为公路运输企业提供更广阔的市场空间和更丰富的客户资源。通过电子商务平台,公路运输企业不仅可以快速展示自身能提供的服务,还能与客户进行在线交流,为其提供定制服务等,更好地满足客户需求。

其次,公路运输企业应根据自身情况和市场环境选择合适的电子商务平台。公路运输企业可以选择在知名电子商务平台开设店铺,也可以自建官方网站,打造自己的电子商务平台,以更好地展示品牌形象和企业文化,提高客户信任度。

在应用电子商务平台进行销售时,公路运输企业需要制定合适的策略,包括服务信息的优化、促销活动的策划、客户服务的质量保障等。公路运输企业应确保服务信息的准确性和吸引力,从而引起客户的关注。同时,公路运输企业应通过如限时优惠等活动,提高客户购买意愿。此外,公路运输企业应提供优质的客户服务,及时解决客户问题,满足客户需求,提高客户满意度和忠诚度。

除了销售策略的制定,公路运输企业还需要加强电子商务平台的运营和维护,包括平台数据的管理、用户体验的优化、平台安全防护的加强等。公路运输企业应定期分析平台数据,了解客户购买行为和需求,为进一步优化销售策略、提升服务质量提供依据。同时,公路运输企业应不断优化平台的功能设计,提升用户体验。公路运输企业还应加强平台安全防护,确保客户信息和交易数据的安全。

随着市场的变化和技术的进步,公路运输企业应不断拓展电子商务平台的应用范围和功能。例如,利用大数据分析和人工智能技术对客户进行精准营销;利用虚拟现实技术或增强现实技术为客户提供沉浸式的购物体验;利用社交媒体提高品牌知名度等。

(四)促销策略

1.促销目标的设定与促销组合的选择

在公路交通运输市场中,制定有效的促销策略是吸引客户、提高市场占有率的重要手段。而促销目标的设定与促销组合的选择,则是制定有效促销策略的关键。

首先,设定促销目标是制定促销策略的前提。促销目标包括提高品牌知名度、增加销售量、扩大市场份额等。目标明确后,公路运输企业可针对目标客户群制定有针对性的促销方案,提高促销效果。促销目标可根据公路运输企业自身发展状况和市场变化进行调整。

其次,选择合适的促销组合是实现促销目标的保障。常见的促销组合包括广告宣传、公共关系管理与社会责任营销、销售促进与客户关系管理等。公路运输企业应根据目标客户群的特点和需求,选择合适的促销组合。例如,针对年轻客户群体,可利用互联网技术进行广告宣传;针对企业客户,可采用公关活动等方式。在选择促销组合时,公路运输企业还需考虑促销成本与效益。促销方式不同,促销成本也不同,公路运输企业应根据自身资源和市场状况选择合适的促销方式。同时,公路运输企业应关注促销活动的短期效益与长期效益,避免只追求短期销售量而忽视品牌形象的塑造。

最后,促销策略的制定和调整还需考虑市场环境的变化和竞争对手的动态。公路运输企业应密切关注市场趋势,了解竞争对手的促销策略,及时调整自身的促销策略,以保持竞争优势。

为了实现促销目标,公路运输企业还需建立有效的监控与评估机制,包括对促销活动的全程监控、对销售数据的实时分析、对客户反馈的及时收集等。

通过监控与评估，公路运输企业可以及时发现问题、调整策略，确保促销活动的顺利进行。

2.广告宣传的策略与方法

广告宣传是企业常用的促销手段之一，其目的是通过各种形式的宣传活动，提高品牌知名度，吸引潜在客户，增加销售量。以下是一些广告宣传的策略与方法：

明确广告宣传的目标是关键。公路运输企业应根据市场状况、产品特点以及促销目标，制定具体的广告宣传目标。例如，提高品牌知名度、树立品牌形象、传递产品优势等。有了明确的目标，广告宣传的策略和方法才能更有针对性。

选择合适的广告媒体是实现广告宣传目标的重要途径。公路运输企业应根据目标客户群的特点和需求，选择合适的广告媒体。例如，针对个人客户，可以选择在电视台、互联网等媒体上投放广告；针对企业客户，可以选择在行业杂志、专业网站等媒体上投放广告。同时，要注意对广告媒体进行组合搭配，以实现最佳的宣传效果。

创意和内容是广告宣传的核心要素。好的广告创意和内容能够吸引客户的注意力，激发客户的购买欲望。因此，公路运输企业在广告宣传中要注重创意的体现和优秀内容的制作。

数据分析在广告宣传中扮演着重要的角色。公路运输企业应通过数据分析了解广告投放的效果，包括曝光量、点击率、转化率等指标。通过对数据的分析，公路运输企业可以及时调整广告宣传的策略与方法，提高广告宣传的效果。

加强与客户的互动也是广告宣传的重要策略。通过线上线下的活动、社交媒体的互动等方式，公路运输企业可以与客户建立更紧密的联系，提高客户忠诚度。例如，组织客户体验活动、提供线上客户服务等。

3.公共关系管理与社会责任营销

公共关系管理和社会责任营销是企业在促销策略中不可忽视的方面。通过有效的公共关系管理和社会责任营销，企业可以提高品牌形象和市场声誉，进而提升市场竞争力。

有效的公共关系管理是企业与公众、媒体、合作伙伴等利益相关方之间建立良好关系的关键环节。在公路交通运输市场中，公路运输企业应积极开展公共关系管理活动，加强与各利益相关方的沟通和合作。例如，公路运输企业可通过参加行业展览和论坛、组织专题活动等方式，提高知名度和美誉度。同时，公路运输企业应进行舆情监测，及时回应公众关切，避免公关危机。

社会责任营销是指企业在追求经济效益的同时，积极履行社会责任，通过参与公益活动、采取环保措施等方式回馈社会。在公路交通运输市场中，公路运输企业应关注环境保护、交通安全、公益慈善等方面，积极参与相关活动。例如，推广绿色出行方式、参与交通安全宣传、支持教育公益事业等。通过履行社会责任，公路运输企业可以提升品牌形象。

同时，公路运输企业可以将公共关系管理和社会责任营销相结合，开展一系列整合营销活动。例如，公路运输企业可以组织公益性质的公路交通运输项目，这样既可以为社会公益做贡献，又可以通过媒体宣传提高自身的知名度；公路运输企业还可以与政府、非政府组织等合作，共同参与环保、扶贫等项目，实现企业与社会共同发展。

为了更好地实施公共关系管理和社会责任营销，公路运输企业需要建立相应的组织和机制。例如，设立公关部门或指定专门的公关人员负责公共关系管理的实施；建立社会责任管理体系，制定相应的政策和措施；完善内部沟通机制，确保各部门之间的协同合作。

公共关系管理和社会责任营销是公路运输企业促销策略的重要组成部分。公路运输企业应重视公共关系管理，与各利益相关方建立良好的关系；积极履行社会责任，回馈社会；将公共关系管理和社会责任营销相结合，开展整合营销活动；建立相应的组织和机制，确保公共关系管理和社会责任营销的有效实施。通过这些努力，公路运输企业可以打造良好的品牌形象，吸引更多的客户，从而提升市场竞争力。

4.销售促进与客户关系管理

销售促进与客户关系管理是企业促销策略中的关键环节,旨在提高销售业绩和客户满意度。

销售促进是指企业通过各种短期激励手段,刺激消费者购买行为的活动。在公路交通运输市场中,公路运输企业可以采用多种销售促进策略。例如,提供折扣和优惠券,吸引客户选择企业的运输服务;推出积分兑换活动,鼓励客户多次消费;开展限时促销活动,激发客户的购买欲望。通过合理的销售促进策略,公路运输企业可以有效地增加销售额,提高市场占有率。

然而,销售促进只是短期的促销手段,要想长期留住客户,公路运输企业还需要重视客户关系管理。客户关系管理是指企业通过建立、维护和提升客户关系,实现客户价值最大化的过程。在公路交通运输市场中,公路运输企业应建立完善的客户关系管理系统,及时收集和分析客户信息,了解客户需求和偏好。通过提供个性化的运输服务、优质的售后服务和持续的客户关怀,公路运输企业可以提高客户的满意度和忠诚度。

为了更好地进行客户关系管理,公路运输企业需要建立专业的客户服务团队。团队成员应具备良好的沟通能力和服务意识,能够及时解决客户问题,满足客户需求。同时,公路运输企业应定期对客户服务团队进行培训和考核,提高团队的专业素质和服务水平。

此外,利用现代技术手段,如客户关系管理软件、大数据分析技术等,可以帮助公路运输企业更好地进行客户关系管理。利用大数据分析技术,公路运输企业可以深入了解客户需求和行为模式,为进行精准营销提供支持。同时,公路运输企业可以利用数据分析结果,优化销售促进策略,提高促销效果。

综上所述,销售促进和客户关系管理是公路运输企业促销策略中的关键环节。公路运输企业应结合实际情况制定合理的销售促进策略,通过短期激励手段刺激消费者购买行为;同时重视客户关系管理,建立专业的客户服务团队;利用现代技术手段提高客户关系管理的效率和优化销售促进策略。

第四章　公路交通运输的经济效益与社会效益

第一节　公路交通运输对产业布局的影响

产业布局是经济地理学中的一个概念，主要研究产业在一定区域内的分布和组合。产业布局的合理与否，直接影响一个地区的经济发展水平和资源配置效率。

产业布局受到多种因素的影响，包括自然资源、地理位置、市场状况、政策环境等。在这些因素的综合作用下，区域内的产业布局呈现出多样性和特殊性。例如，自然资源丰富的地区可能在原材料加工方面具有优势，而地理位置优越的地区可能在交通方面具有优势。合理的产业布局能够促进产业之间的协调发展，降低生产成本，提高生产效率。

在实践中，产业布局需要考虑多方面的因素，包括地区间的经济基础、产业结构、市场需求等。政府在产业布局中扮演着重要角色，其可以通过制定相关政策和规划，引导产业合理分布和发展。例如，政府可以通过优惠政策和财政支持，鼓励企业在某些地区聚集和发展，形成产业集群或开发区。

产业布局是一个动态的过程，随着市场需求的变化、技术的进步和政策的调整，产业布局也需要不断调整和优化。在这个过程中，需要注重可持续发展的原则，考虑环境保护和资源节约等因素，以实现经济、社会和环境的协调发展。

一、公路交通运输对产业布局的促进作用

（一）降低物流成本，提高企业竞争力

公路交通运输作为物流系统的重要组成部分，对降低物流成本和提高企业竞争力具有显著的影响。公路交通运输是否便利影响了企业物流的效率和成本。完善公路交通运输网络，能够帮助企业更快速、更安全地将产品运往目的地，减少运输时间和成本。此外，相关部门通过优化公路交通运输网络，可以帮助企业更合理地规划运输路径，减少运输过程中不必要的中转和等待时间，从而减少企业的油耗、人力和时间成本。

降低物流成本对于提高企业竞争力具有重要意义。在激烈的市场竞争中，企业需要不断地降低成本，提高产品质量和服务水平，以赢得市场份额。

（二）加快资源流动，促进区域经济一体化

公路交通运输作为区域经济一体化的重要支撑，能够加快资源流动，促进区域经济的协同发展。公路交通运输网络的建设和完善能够提高资源的流通效率和配置效率，进一步促进区域经济一体化的进程。

首先，公路交通运输的发展降低了资源运输的难度和成本。随着公路交通运输网络的不断延伸和拓展，资源运输的效率得到显著提高。这使得不同地区间的资源能够更加便捷地进行交换和配置，进一步释放了区域经济的潜力。

其次，公路交通运输的发展促进了区域内的产业分工与合作。完善的公路交通运输网络能够使地区间的产业优势得以更好地发挥，产业分工更加合理，持续推动技术创新和产业升级，进一步增强区域经济的整体竞争力。

最后，公路交通运输的发展还促进了地区间的经济交流与互动。完善公路

的交通运输网络为地区间的经济交流提供了更加便捷的通道,使得地区间的经济联系更加紧密。这种经济交流不仅能够增强地区间的相互了解和信任,还能够促进市场机制的完善,进一步推动区域经济的协同发展。

区域经济一体化是当今世界经济发展的重要趋势,也是推动地区经济增长的重要动力。公路交通运输对于加快资源流动、促进区域经济一体化具有不可替代的作用。因此,在制定经济发展战略和规划时,相关部门应充分考虑公路交通运输的重要地位和作用,加强公路交通运输基础设施建设和管理,为区域经济的发展提供有力支撑。

(三)引导产业集聚,优化产业布局

公路交通运输的发展对于引导产业集聚、优化产业布局具有重要作用。完善的公路交通运输网络能够帮助企业更加便捷地获取原材料和销售产品,从而降低交易成本,提高市场竞争力;同时,还能够吸引相关企业在特定区域聚集,形成产业集群或开发区,进一步优化产业布局。

第一,公路交通运输的发展降低了企业的交易成本。企业在生产经营过程中,需要频繁地采购原材料和销售产品,完善的公路交通运输网络使得不同企业之间的物流运输更加便捷、快速,降低了企业的交易成本,提高了企业的经济效益。

第二,公路交通运输的发展促进了产业集聚的形成。在公路交通发达的地区,企业之间的联系更加紧密,容易形成产业集聚。产业集聚能够产生规模效应和协同效应,提高整个产业的竞争力。同时,产业集聚还能够促进技术进步和产业升级,推动地区经济的持续发展。

第三,公路交通运输的发展还能够促进城市和乡村的融合发展。公路交通运输网络的建设和完善使得城乡之间的联系更加紧密,城市的各种资源能够更好地向乡村地区扩散。这就有助于缩小城乡差距,推动城乡一体化发展,进一步优化整体的产业布局。

然而，公路交通运输对产业布局的引导和优化作用并非一蹴而就的，需要政府在政策层面给予支持和引导，例如制定优惠的土地政策、税收政策等，吸引企业到特定地区投资兴业。同时，政府还需要不断完善公共服务设施，为企业提供良好的投资环境和生产条件。

二、公路交通运输对产业布局的制约作用

（一）道路拥堵对物流效率的影响

随着城市化进程的加快和经济的快速发展，道路拥堵问题日益严重，对物流效率产生了一定的影响。公路交通的通畅性和运输效率直接关系到企业的物流成本和市场竞争力。因此，道路拥堵成为制约产业布局和经济发展的重要因素之一。

首先，道路拥堵增加了企业的物流成本。在拥堵的交通环境下，企业增加了运输成本。同时，长时间的等待和延误也会导致仓储成本的增加，进一步提高企业的总成本。这些额外的成本最终会转嫁到产品的价格上，从而影响企业的市场竞争力。

其次，道路拥堵降低了企业的物流效率。拥堵的道路会导致运输车辆的行驶速度下降，延长了货物的在途时间。这不仅增加了货物的损耗和运输风险，还可能导致企业错失销售良机。同时，频繁的交通堵塞也会增加企业的运营风险和管理成本，降低企业的物流效率。

最后，道路拥堵还会影响企业供应链的稳定。对于许多企业来说，拥有稳定的供应链是至关重要的。然而，道路拥堵会增加运输过程中的不确定性，导致企业面临生产中断、订单延迟或退货等风险，对企业的声誉造成影响。

（二）道路容量不足对产业发展的限制

随着经济的快速发展和产业规模的扩大，道路容量不足的问题逐渐凸显，成为制约产业发展的重要因素之一。道路容量不足意味着公路交通运输网络无法满足日益增长的运输需求，导致交通拥堵、运输效率低下等一系列问题，直接影响产业的发展和布局。

第一，道路容量不足限制了企业的物流效率和竞争力。对于许多企业而言，物流运输是生产经营中的重要环节。然而，当道路容量不足时，运输车辆难以顺畅通行，导致货物的在途时间延长、运输成本增加。这不仅会增加企业的运营成本，还可能影响产品的及时交付，使企业的市场竞争力下降。

第二，道路容量不足制约了产业的规模扩张和区域发展。产业的规模扩张需要便捷、高效的交通运输网络来支持原材料的采购、产品的运输和市场的拓展。然而，道路容量不足限制了物资和人员流动的速度，制约了产业的规模扩张。这可能导致企业无法充分利用市场机会扩大生产规模或拓展销售渠道，错失产业升级和转型的机会。

第三，道路容量不足还可能引发一系列社会问题。一方面，道路容量不足可能导致出现交通拥堵、交通事故的概率增大，影响人们的出行安全和社会稳定。另一方面，道路容量不足还可能导致环境污染、能耗增加等问题，影响可持续发展和生态文明建设。

三、公路交通运输对不同产业的差异化影响

（一）对农业的影响

首先，便利的交通条件对于农业生产和经营具有重要意义。在农业生产过程中，农民需要将农产品从田间地头运输到市场或加工厂中。如果交通不便，农产品的运输成本就会增加，运输时间也会延长，导致农产品的品质下降。而

发达的公路交通运输网络能够提供快速、便捷的运输服务，缩短农产品的在途时间，保证农产品的品质，从而增加农产品的市场竞争力。

其次，公路交通运输的发展能够拓宽农产品的销售渠道。传统的农产品销售方式往往受到地域限制，农产品只能在当地市场销售。而发达的公路交通运输网络能够方便农户将农产品运输到更远的地区，扩大销售范围。这不仅能够增加农产品的销量，提高农民的收入，还能够带动整个农业产业链的发展，促进农业的现代化和产业化。

最后，公路交通运输的发展还能够促进农业与加工业的融合发展。随着经济的发展和消费需求的升级，人们对农产品的品质和加工要求也越来越高。发达的公路交通运输网络能够为加工业提供快速、可靠的运输服务，满足加工业对原材料的需求；同时，也为加工业提供了更广阔的市场，促进农业与加工业的融合发展。

然而，公路交通运输对农业的影响并非都是积极的。例如，过多的交通拥堵和道路损坏问题会对农业生产和农产品运输造成负面影响。因此，在完善公路交通运输网络的同时，相关部门还需要加强对交通设施的管理和维护，确保公路交通运输网络的畅通和安全。

（二）对工业的影响

公路交通运输的发展对工业的影响是多方面的，主要体现在企业的运输成本、生产效率和市场竞争力等方面。便利的交通条件能够降低企业的物流成本，提高企业的生产效率和市场响应速度，从而增强企业的市场竞争力。

第一，公路交通运输的发展能够降低企业的物流成本。对许多企业而言，原材料的采购和成品的运输是生产经营中的重要环节，需要花费企业大量的资金。发达的公路交通运输网络能够提供快速、便捷的运输服务，缩短运输时间，减少运输损耗，从而降低企业的物流成本。这有助于企业提高经济效益，增强市场竞争力。

第二，公路交通运输的发展能够提高企业的生产效率。及时的原材料供应和成品运输是企业高效生产的保障。发达的公路交通运输网络能够确保原材料和零部件的及时供应，避免生产过程中出现停工待料现象；同时，也使得成品能够快速到达客户手中，缩短产品在途时间，提高企业的市场响应速度。

第三，公路交通运输的发展还能够促进工业园区的形成和发展。工业园区是集中发展工业的重要载体，发达的公路交通运输网络能够为工业园区提供便利的交通条件，吸引更多的企业入驻园区，促进产业集聚和产业链的形成。这有助于提高整个园区的生产效率和竞争力。

（三）对服务业的影响

随着经济的发展和消费结构的升级，服务业在国民经济中的地位日益重要，而公路交通运输的便利性和通达性直接关系到服务业的发展水平和市场竞争力。公路交通运输的发展对服务业的影响主要体现在提升服务品质、扩大市场范围和促进产业升级等方面。

首先，公路交通运输的发展能够提升服务业的服务品质。对于旅游业、餐饮业、零售业等服务行业来说，便利的公路交通运输条件能够提供更加快速、舒适、安全的出行体验，提高消费者的满意度。例如，在旅游业中，发达的公路交通运输网络能够缩短游客的出行时间，提高旅游行程的效率和舒适度，从而吸引更多的游客。

其次，公路交通运输的发展能够扩大服务业的市场范围。随着城市化进程的加速和消费需求的多样化，服务业的市场范围也在不断扩大。发达的公路交通运输网络能够将服务业的相关产品快速、准确地输送到更远的地区，满足消费者的需求，扩大市场份额。例如，餐饮企业可以通过公路交通运输使外卖服务覆盖更广泛的区域，零售企业则可以通过公路交通运输将产品分销到更多的门店。

最后，公路交通运输的发展还能够促进服务业的产业升级。随着经济的发展和消费结构的升级，服务业也在不断创新和升级。发达的公路交通运输网络能够为服务业提供更加灵活、高效的服务方式，促进产业升级和转型。

第二节　公路交通运输对就业的影响

一、公路交通运输对就业的促进作用

（一）就业需求的增加

公路交通运输作为一个庞大的产业集群，为人们创造了大量的就业机会。随着公路交通运输网络的不断完善和运输工具的逐渐多样化，公路交通运输对劳动力的需求也在持续增加。

首先，公路交通运输网络的完善和运输效率的提高，使得物流、仓储、客运等行业得到了快速发展，进而创造了大量的就业岗位。这些岗位涵盖了从基层的司机、装卸工人，到中层的管理人员、调度人员，再到高层的运输企业经理等各个层级。

其次，公路交通运输业的发展还间接推动了其他相关行业就业需求的增长。例如，随着物流业的兴盛，包装、加工、维修等相关行业也得到了发展，进而产生了更多的就业机会。此外，公路交通运输业的发展还促进了沿线地区的商业、旅游业等发展，进一步增加了就业需求。

然而，随着科技的不断进步，自动驾驶、智能物流等新技术的应用将对传统岗位产生冲击。同时，由于公路交通运输行业的特殊性，部分岗位需要长时间的值班，这也给从业者平衡工作与生活带来了挑战。为了更好地应对这些挑战，政府和企业应采取一系列措施：政府应加大对公路交通运输行业的政策支持力度，鼓励相关企业加大对技术研发和人力资源培训的投入，以提高从业者的技能水平和适应能力。同时，政府还应完善劳动力市场，促进劳动力在行业间的合理流动和优化配置。企业则应注重员工待遇的提高和工作环境的改善，以提高员工的忠诚度和工作积极性。

（二）就业结构的优化

随着行业技术的不断进步和业务模式的创新，公路交通运输行业的就业结构也在不断变化。一方面，随着行业的发展和竞争的加剧，社会对管理、技术、服务等人才的需求逐渐增多。另一方面，行业的多元化和细分化也催生了更多的专业岗位，如物流规划师、运输安全员等。这种就业结构的变化反映了行业内部的升级和转型，有利于提高行业的整体效率和竞争力。

为了适应这种变化，政府和企业应采取一系列措施来优化行业内部的就业结构：政府应鼓励企业加大对技术研发和创新投入，推动行业的转型升级；企业则应建立健全人才培养和激励机制，吸引和留住高技能人才，提升自身的核心竞争力。

（三）技能水平的提升

随着行业技术的不断进步和业务模式的不断创新，公路交通运输行业对从业者的技能要求也在不断提高。随着智能交通系统、无人驾驶技术等先进技术的应用，行业对高技能人才的需求越来越大。

为了适应这种变化，政府、行业组织、培训机构应采取一系列措施来提升行业内部人员的技能水平：政府应加大对公路交通运输业的技能培训和职业教育的投入，建立完善的技能培训体系，提高从业者的技能水平；行业组织可通过制定行业标准和规范，提高从业人员的专业素养；培训机构则可通过开展针对性的培训课程，帮助从业者提升自身的技能水平。

二、公路交通运输对创新与创业的支持

（一）物流服务领域的创新与创业支持

公路交通运输对物流服务领域的创新与创业提供了重要的支持，主要体现在以下几个方面：

物流效率提升：公路交通运输的高效性使得物流服务能够更快速地响应市场需求，提高了物流效率。这种高效性为物流服务领域的创新提供了基础，使得物流企业能够探索更加灵活、高效的物流模式，如即时配送、定制化物流等。

拓展物流服务范围：公路交通运输的灵活性和便捷性使得物流服务能够覆盖到更偏远的地区，为物流企业的市场拓展提供了便利。这不仅有助于物流企业扩大市场份额，也为其提供了更多的创新机会，如开发针对特定地区或特定需求的物流服务。

促进物流技术创新：公路交通运输的发展推动了物流技术的创新。例如，物联网、大数据分析等技术的应用，使得物流服务更加智能化、自动化。这些技术的应用不仅提高了物流效率，也为物流企业的创新提供了技术支持。

创业机会增加：公路交通运输的发展为物流服务领域的创业提供了更多的机会。随着物流需求的不断增长和物流市场的不断扩大，越来越多的创业者看到了物流服务领域的商机，并纷纷投入这个领域。这些创业者带来了新的想法、新的技术和新的服务，为物流服务领域的创新注入了新的活力。

优化创业环境：政府和社会各界对公路交通运输和物流服务的重视和支持，为物流服务领域的创业提供了基础。政府通过制定相关政策、提供资金支持等方式鼓励物流企业的创新和发展；社会各界也积极推动物流业的发展，为相关创业者提供了更多的资源和支持。

（二）信息技术领域的创新与创业支持

公路交通运输对信息技术领域的创新与创业提供了重要的支持，主要体现在以下几个方面：

数据收集与分析：公路交通运输系统为信息技术领域提供了大量的数据，这些数据涵盖了车辆位置、行驶速度、交通流量、拥堵情况等。这些数据是信息技术领域进行深度分析和挖掘的宝贵资源，有助于开发更精准的交通预测模型、优化路径规划算法等。

智能交通系统的发展：公路交通运输是智能交通系统的主要应用场景之一。通过集成先进的数据传输技术、传感技术、控制技术等，智能交通系统能够实现车辆与道路基础设施之间的信息交换，为驾驶者实时提供交通信息，提升交通安全性和道路使用效率。公路交通运输的发展推动了智能交通系统的优化。

物联网技术的应用：在公路交通运输中，物联网技术被广泛应用于车辆监控、货物追踪、道路设施管理等方面。通过物联网技术，人们可以实现对车辆、货物和道路设施的实时监控和管理，提高运输效率和安全性。物联网技术的广泛应用为信息技术领域的创新提供了更多机会。

自动驾驶技术的研发：自动驾驶技术是信息技术领域的重要创新方向之一，而公路交通运输是自动驾驶技术的重要应用场景。自动驾驶技术的发展需要完善的道路基础设施和大量的行驶数据支持，而公路交通运输系统恰好提供了这样的条件。公路交通运输的发展为自动驾驶技术的研发和应用提供了重要支持。

创业机会的增加：随着公路交通运输的发展和信息技术的不断进步，越来越多的创业者和企业看到了在信息技术领域进行创新的机会。创业者和企业可以利用公路交通运输系统提供的数据和场景，开发新的应用、优化现有服务或推出全新的商业模式，进而为信息技术领域的创新和创业提供了更多可能。

三、公路交通运输发展对劳动力市场的影响

（一）提高劳动力市场的灵活性

首先，公路交通运输的发展减少了地理因素对劳动力市场的限制。过去，由于交通不便，劳动者往往只能在本地区范围内寻找工作，劳动力市场相对封闭和固定。然而，随着公路交通运输网络的不断完善，劳动者可以轻松前往其他地区寻找更好的工作机会。这种劳动力的流动促进了不同地区之间的经济交流和合作，使得市场更加开放和有活力。

其次，便捷的交通使得企业可以更加快速地招聘到合适的员工，降低了企业的招聘成本。劳动者也可以更快地找到合适的工作，减少了信息不对称问题。

最后，随着经济全球化的加速和产业结构的变化，企业对劳动力的需求也在不断变化。公路交通运输的发展使得企业可以根据市场需求快速调整劳动力布局，这不仅有助于企业应对市场变化，还可以为劳动者提供更广阔的职业发展空间。

然而，随着劳动力流动性的增强，劳动力市场可能会出现劳动力短缺或过剩的情况；同时，不同地区之间的经济发展水平和生活成本存在差异，可能会导致劳动力市场的分化。为了应对这些挑战，政府和企业应采取有效措施，如完善社会保障制度、加强职业教育和培训等，以促进劳动力市场的健康发展。

（二）优化劳动力市场资源配置

公路交通运输的发展不仅提高了劳动力市场的灵活性，还对劳动力市场的资源配置产生了积极的影响。

公路交通运输的发展优化了劳动力市场的资源配置。随着交通运输网络的不断完善，不同地区的劳动力市场逐渐连为一体。在这种情况下，劳动力可以更加自由地流动，从供过于求的地区流向供不应求的地区，从而充分发挥各地

区的劳动力资源优势，提高整个社会的生产效率。

第三节 公路交通运输与环境保护

一、公路交通运输对环境的消极影响

（一）空气污染

机动车尾气的排放是造成大气污染的主要原因之一。其中，柴油车和重型卡车排放的尾气中含有大量的颗粒物、氮氧化物和挥发性有机化合物等，这些物质不仅会引发酸雨，还会导致光化学烟雾等问题。此外，车辆排放的尾气还会导致温室效应加剧，影响全球气候。为了减少空气污染，相关部门可以采取一系列措施，如推广使用清洁能源车辆、实施严格的排放标准等。

（二）噪声污染

车辆会产生大量的噪声，对周围居民的生活和健康造成影响。人们如果长时间处于噪声环境中，会产生听力下降、睡眠质量差、心血管疾病等健康问题。为了减少噪声污染，相关部门可以采取多种措施，如加强道路隔音设施建设、限制高噪声车辆使用等。

（三）水污染

车辆清洗、燃料泄漏等环节会产生一定的废水，这些废水如果不经过处理就直接排放，会对周围水体造成污染。此外，在车辆运输过程中产生的扬尘也

会对水源造成污染。为了减少水污染，相关部门可以采取一系列措施，如完善污水处理设施、加强废水排放监管等。

（四）土壤污染

在公路交通运输中，交通事故和车辆维修等环节可能造成油料和其他危险品的泄漏，从而对土壤造成污染。此外，在道路建设过程中使用的化学物质也会污染土壤。为了减少土壤污染，相关部门可以采取一系列措施，如加强危险品运输管理、合理使用道路建设材料等。

二、相关的环境保护措施

（一）提高能源利用效率

提高能源利用效率可以减少公路交通运输对环境产生的消极影响。技术人员通过提高燃油效率，可以显著减少车辆的能源消耗。例如，采用更轻的材料、优化车身设计，以及使用智能驾驶辅助系统等手段，都可以有效提高车辆的燃油效率。对于公共交通运输系统来说，合理规划路线、提高运输效率，以及推广智能交通系统等措施也有助于降低能耗。

除此之外，能源回收与再利用也能提高能源利用效率。能源回收与再利用主要是指将公路交通运输中产生的余热、余能和废料转化为可再利用的能源，从而提高能源利用效率，减少能源浪费。

以下是一些主要的能源回收与再利用技术：

①余热回收技术。车辆在行驶过程中，其发动机和变速器等部件会产生大量的余热。技术人员利用余热回收技术，可以将这些余热转化为其他形式的能源，如电能、热能等，从而提高能源的利用效率。

②动能回收技术。车辆在制动过程中产生的部分动能可以被转化为电能并

储存起来,供后续行驶使用。该技术可以延长制动系统的使用寿命,同时减少能源消耗。

③废旧轮胎回收技术。废旧轮胎不易降解,如果处理不当就会对环境造成污染。相关人员利用废旧轮胎回收技术,可以将废旧轮胎进行破碎、加工和再利用,制成再生橡胶、沥青等,实现资源的循环利用。

④生物柴油回收技术。生物柴油是指从动植物油脂中提取的柴油替代品,可以作为柴油发动机的燃料。相关人员可以收集餐饮等行业产生的废弃油脂,利用生物柴油回收技术从废弃油脂中提取柴油替代品,从而减少人们对化石燃料的依赖。

(二)使用清洁能源和可再生能源

使用清洁能源是另一个重要的环境保护措施。传统燃油车辆排放的尾气中含有大量的污染物,会对环境和人体健康造成严重影响。推广使用节能型车辆是减少污染物排放量的重要手段。

以下是一些主要的节能型车辆:

①混合动力汽车。混合动力汽车是指同时配备电力驱动系统和辅助动力单元的汽车,其中辅助动力单元是燃烧某种燃料的原动机或由原动机驱动的发电机组。从广义上讲,在特定工作条件下,由两种或两种以上的蓄能器、能源或能量转换器作为驱动能源,其中至少有一种能提供电能的车辆被称为混合动力汽车。从狭义上讲,既有内燃机又有电动机驱动的车辆才被称为混合动力汽车。混合动力汽车在野外或高速公路上行驶时由内燃机和电动机联合驱动,在城市道路上行驶时只由电动机驱动。

②电动汽车。电动汽车完全使用电能作为动力源,没有尾气排放,是零排放的交通工具。随着电池技术的不断进步,电动汽车的续航里程不断增加,实用性增强。此外,电动汽车在使用过程中不会产生噪声,提高了驾驶人员和乘客的舒适性。

③氢燃料电池车。氢燃料电池车是一种以氢气作为燃料、通过燃料电池发电来驱动车辆的新型车辆。氢燃料电池车在使用过程中只产生水蒸气,没有直接的碳排放,是一种理想的环保型车辆。然而,目前氢燃料电池车的量产和普及还面临一些技术难题。

此外,利用太阳能、风能等可再生能源为公路交通设施提供电力,也可以减少对传统能源的依赖。

然而,推广清洁能源和可再生能源需要克服一些技术上的挑战。例如,目前节能型车辆的续航里程有限,同时可再生能源的产量和稳定性也需要进一步提高。因此,需要加大技术研发和推广力度,同时制定相应的政策和标准来促进清洁能源和可再生能源在公路交通运输中的应用。

(三)制定严格的机动车排放标准

想要减少公路交通运输对环境的污染,制定严格的机动车排放标准是必要的。制定严格的机动车排放标准,可以促使车辆制造商改进技术,减少车辆的排放量。同时,政府和相关部门也需要加强监管,确保所有车辆都符合相关的排放标准。对于超标排放的车辆,相关部门应采取相应的处罚措施,以示警告。

相关部门对油品的质量监管也同样重要。劣质油品会导致车辆排放量增加,对环境造成更大的污染。因此,应加强对油品质量的检测,确保市场上销售的油品符合相关标准。

此外,还可以通过建立排放权交易系统等措施来进一步减少机动车的排放量。政府相关部门为车辆设定排放限值,并允许企业在一定范围内交易排放权,这样可以鼓励企业采取更多的减排措施。

(四)采取绿化措施,科学管理公路交通运输网络

采取绿化措施也是减少公路交通运输对环境产生的消极影响的有效方法。例如,可以在道路两侧种植树木和青草,不仅可以美化环境,还能吸收车辆排

放的二氧化碳，释放氧气，改善空气质量。除此之外，树木和青草还可以减少车辆行驶时产生的噪声污染。再如，可以在道路中间设置绿化带。这样的设计不仅可以提高驾驶员的视觉舒适度，减少驾驶疲劳，还可以起到分隔车道的作用，提高道路的安全性。除此之外，绿化带能够吸收车辆排放的污染物，进一步改善空气质量。

此外，科学管理公路交通运输网络也是减少其对环境产生的消极影响的必要措施。例如，采取优化交通流、合理设置公交专用道等措施，可以提高公路交通运输的效率，减少对环境的消极影响。

（五）智能交通系统的推广与应用

智能交通系统是将先进的科学技术有效地综合运用于交通运输、服务控制和车辆制造，加强车辆、道路、使用者三者之间的联系，从而形成一种保障安全、提高效率、改善环境、节约能源的综合运输系统。

以下是一些主要的智能交通系统：

1.智能交通信号控制系统

智能交通信号控制系统能够实时收集和分析交通数据，包括车流量、车速、道路占用情况等，并根据这些数据动态地调整信号灯的配时方案。此外，该系统还可以与其他交通管理系统进行集成，如交通监控系统、公共交通调度系统等，以实现更高效的交通管理。

智能交通信号控制系统已经在全球范围内得到了广泛的应用，并在提高交通运行效率、减少交通拥堵和事故等方面发挥了重要作用。近年来，随着大数据、云计算、人工智能等技术的不断发展，智能交通信号控制系统也迎来了新的发展机遇。这些技术的应用使得该系统能够更准确地预测交通流量和拥堵情况，并更快速地响应交通变化。同时，智能交通信号控制系统也与其他交通管理系统进行了更紧密的集成，以实现更高效、更智能的交通管理。

2.车载导航系统

车载导航系统的主要功能是方便且准确地告诉驾驶者去往目的地的最短或最优路径。随着汽车产业的持续发展和人们个性化出行需求的增加，车载导航系统也在不断更新和发展。现代车载导航系统已经支持实景 3D 地图导航、各种安全提示（如超速、红绿灯、电子眼等）等。

此外，车载导航系统也面临着智能化、互联网化等发展新趋势。未来的车载导航系统将更加具备学习能力，能够根据用户的出行习惯和需求提供更加智能化的导航服务。同时，通过与互联网相连接，车载导航系统可以提供更加准确的路况信息，为用户提供更好的出行体验。

3.智能停车系统

智能停车系统是一种使用了多种先进技术的停车管理系统。该系统的推广与应用带来了许多好处。首先，它极大地提高了车辆的通行效率，减少了停车时间。其次，通过实时监测停车位的使用情况，该系统可以有效地提高停车位的利用率。最后，智能停车系统还有助于加强停车场的安全管理，通过视频监控和智能识别技术，可以实时监测和识别异常情况，有效减少车辆被盗等安全问题。

智能停车系统可以应用于各种场景，如商业区停车场、地铁站及周边停车场、医院停车场和企事业单位停车场等。

总的来说，智能停车系统是一种高效、便捷、安全的停车管理系统，它的推广与应用将极大地改善城市的停车状况，提高人们的出行效率。

三、相关的环保教育

（一）提高公众环保意识，倡导绿色出行

提高公众的环保意识是推动公路交通运输环保工作的基础。政府和社会组织应该通过各种渠道，向公众普及环保知识，提高公众的环保意识。

绿色出行是指采用对环境影响较小的出行方式。例如，步行、自行车、公共交通工具等都是典型的绿色出行方式。鼓励和引导公众选择绿色出行方式，减少私家车的使用，能有效改善空气质量。

为了更好地倡导绿色出行，政府可以采取一系列措施。例如，合理设置车道和人行道，提高公共交通的覆盖率和便利性等。此外，政府还可以通过激励措施，如提供公共交通优惠、鼓励拼车等，引导公众选择绿色出行方式。

（二）加强环保教育，培养行业人才

首先，企业应定期开展环保培训课程。这些课程应涵盖环保法律法规、污染防治技术、节能减排措施等内容。员工通过系统学习，可以深入理解环保的重要性，以及自己在工作中的环保责任。

其次，企业还可以邀请环保专家进行专题讲座，让员工与专家面对面交流，以了解最新的环保技术和理念。这样的交流有助于激发员工对环保工作的热情和创新精神。

最后，学校和培训机构也应将环保教育纳入相关教学计划中。通过理论与实践相结合，学生能深入了解公路交通运输中产生的环保问题，并掌握解决这些问题的方法。

(三)鼓励社会参与,加强信息共享与监督

鼓励社会参与是加强环保工作的重要手段。政府应该建立相应的机制,鼓励社会各界参与到涉及公路交通运输的环保工作中来。例如,政府可以与非政府组织、企业、公众等建立合作关系,共同开展环保活动。这些合作有助于实现资源共享、优势互补,提高环保工作的效率和效果。

加强信息共享也是促进社会参与的重要手段之一。政府应该及时发布关于公路交通运输的环保信息,包括排放数据、治理措施、政策法规等。通过发布这些信息,政法能让公众了解环保工作的进展和成果,同时也可以接受公众的监督和反馈。此外,政府还可以建立信息平台,让公众可以方便地查询和获取相关信息。

此外,加强监督也是促进社会参与的重要手段之一。政府应该建立健全环保监督机制,包括对公路交通运输的排放监测、环境质量监测等。通过对监测数据的收集和分析,政府可以及时发现和解决环保问题。同时,政府还应该鼓励公众参与到监督工作中来,通过举报、投诉等方式,推动相关部门及时处理和解决环保问题。

第五章　公路交通运输与区域经济发展

第一节　公路交通运输的发展对区域经济发展的推动作用

区域经济是指在一定区域内经济发展的内部因素与外部条件相互作用而产生的生产综合体。区域经济受地理环境、自然资源、人口分布、交通通信、科技发展、历史文化等多方面因素的影响。

区域经济的发展是一个复杂的过程,它涉及资源的配置、产业布局、政策制定等多个方面。发展区域经济能够促进资源的合理配置,提高生产效率。在一定区域内,合理的资源配置可以使资源得到更加有效的利用,提高生产效率,促进经济发展。在区域经济发展的过程中,具有一定特色的产业集群会逐渐形成,这些产业集群能够推动相关产业的发展,提高区域的竞争力。此外,在区域经济发展过程中,城市和农村地区可以相互协作,形成优势互补的局面,从而推动城乡协调发展。

区域经济同时也是一个具有某种特征的开放系统,它与外界环境(其他区域)有着物资、人员、能量和信息的交流,发展区域经济的前提是必须具有高度发达的交通运输系统。

一、公路交通运输的发展对区域经济发展的直接推动作用

（一）降低物流成本，提高经济效益

一方面，公路交通运输的发展使得区域内的物流成本得以降低。便利的交通条件使得货物运输的距离大大缩短，运输过程中的损耗减少，降低了物流成本。另一方面，公路交通运输的发展也促进了物流管理的现代化和专业化，提高了经济效益。物流成本的降低和经济效益的提高，有助于企业更好地控制成本，提高盈利能力，从而推动区域经济的发展。

（二）促进商品流通

公路交通运输的发展促进了商品流通，进一步扩大了市场范围。随着公路交通运输网络的不断完善，商品流通的渠道更加畅通，商品从生产到销售的周期缩短，市场覆盖面扩大。这不仅有利于企业拓展销售市场，提高销售额，也有利于消费者获得更多的商品选择机会和更优惠的价格。

（三）提升区域产业竞争力

公路交通运输的发展对于提升区域产业竞争力具有重要作用。一方面，公路交通运输的发展使得区域内企业能够更好地与供应商和客户进行沟通和合作，提高企业的生产效率。另一方面，公路交通运输的发展也促进了企业之间的合作与竞争，推动了企业的技术创新和产品品质的提升。竞争力的提升使得区域内的企业在市场中更具优势，为区域经济的发展提供了有力的支撑。

(四)优化区域投资环境

投资环境指伴随投资活动整个过程的各种周围境况和条件的总和。影响投资环境的要素包括自然要素、社会要素、经济要素、政治要素和法律要素等。而公路交通运输的发展对优化区域投资环境具有重要作用。

首先,公路交通运输的发展降低了企业的物流成本。企业在制定投资决策的过程中,需要重点考虑物流成本。如果一个地区的交通基础设施完善,企业的物流成本就会降低,其盈利能力就会提高。这无疑会增加企业对投资该地区的信心和决心。

其次,一个交通便利的地区更容易吸引外部投资者的关注。投资者在进行投资决策时,除了考虑地区的市场潜力、资源优势和产业基础等因素,还会考虑地区的公路交通运输条件。便利的公路交通运输条件能够为企业的发展提供更多的支持和保障,提高投资者对该地区的认同感和归属感。

最后,公路交通运输的发展还促进了地区间的经济合作和交流。完善的公路交通运输网络能够使地区之间的经济联系更加紧密,企业之间的合作和交流更加便捷。这不仅能够推动不同地区间的产业融合发展,还能够为投资者提供更多的商业机会。

二、公路交通运输的发展对区域经济发展的间接推动作用

(一)促进产业结构调整与升级

公路交通运输的发展对区域内的产业结构调整与升级具有积极的推动作用。一方面,公路交通运输的发展使得一些原材料和产品的运输成本降低,企业可以更加灵活地选择供应商和销售市场。另一方面,公路交通运输的发展也

催生了一些新兴产业，进一步推动了区域内的产业结构升级。

在产业结构调整与升级的过程中，公路交通运输的发展也促进了企业之间的合作与竞争。企业之间的合作可以使产业链更加完善，提高了产业的整体竞争力。而竞争则促使企业不断地进行技术创新和产品升级，进而推动区域内产业结构的不断调整与升级。

（二）促进劳动力资源流动与素质提升

公路交通运输的发展对劳动力资源流动和素质提升也具有积极的影响。一方面，公路交通运输的发展使得区域内的人才流动更加频繁，有助于企业更好地吸引和留住人才。另一方面，公路交通运输的发展也促进了教育和培训资源的流动，提升了区域内劳动力资源的素质。

促进劳动力资源流动与素质提升对于区域经济的发展具有重要意义。人才是推动区域经济持续发展的重要动力，能够为企业提供更好的技术支持和创新动力。

（三）促进城乡一体化发展

在城乡一体化进程中，公路交通运输的发展有助于缩小城乡差距，提高城乡居民的生活水平。加强城乡之间的交通联系，能够促进城乡之间的经济交流和合作，推动城乡一体化发展。同时，公路交通运输的发展也为乡村地区提供了更好的发展机会，有助于乡村地区发挥自身优势，实现经济转型和升级。

（四）提升区域创新能力与科技水平

公路交通运输的发展对于提升区域创新能力与科技水平也具有积极的影响。一方面，公路交通运输的发展使得企业能够更加方便地与高校、科研机构等创新主体进行交流与合作，促进科技创新成果的转化和应用。另一方面，公路交通运输的发展也拓宽了企业技术引进和人才引进的渠道，有助于企业提升自身的技术水平和创新能力。

区域创新能力和科技水平的提升是推动区域经济发展的重要动力。公路交通运输的发展，有助于企业加强与外部创新主体的交流与合作，从而获得更多的技术支持和资源，提高自身的创新能力，实现产品升级。

第二节 区域经济发展对公路交通运输的影响

一、区域经济发展对公路交通运输需求的影响

（一）区域经济水平对公路交通运输需求的影响

区域经济水平是影响公路交通运输需求的重要因素之一。一般来说，区域经济水平越高，公路交通运输需求也会越多。因为随着区域经济的增长，企业和人口的集聚程度逐渐增加，生产和消费活动也更加频繁，所以产生了更多的货物和人员流动需求。

此外，区域经济水平的提高也会加快城市化进程，公路交通运输需求也会随之增加。一方面，随着产业规模的扩大和人口数量的增长，区域内交通流量不断增加，这对公路交通运输的通达性和便利性提出了更高的要求。另一方面，区域产业结构的调整和优化，对公路交通的服务品质和运输效率也提出了更高的要求。为了满足区域经济发展对公路交通的需求变化，相关部门需要不断加强公路交通运输的建设和管理，提高公路交通运输的通达性和便利性。同时，还需要加强对人们交通运输需求的管理，以减少交通拥堵和资源浪费。

然而，需要注意的是，区域经济水平的提高并不总是带来公路交通运输需求的增加。在某些情况下，随着产业结构的优化和升级，一些传统产业的公路交通运输需求会减少，而一些新兴产业的公路交通运输需求会增加。因此，在分析区域经济水平对公路交通运输需求的影响时，相关部门需要综合考虑产业结构和经济活动的变化情况。

（二）区域产业结构对公路交通运输需求的影响

区域产业结构也是影响公路交通运输需求的重要因素。不同产业对公路交通运输的需求存在差异，这是因为不同产业的生产和产品流通方式不同，对公路交通运输的需求也不同。例如，农业和制造业对公路交通运输的需求较大，因为这些产业的原材料和产品需要频繁运输；而服务业对公路交通运输的需求相对较小，因为服务业的生产和消费往往是在本地完成的。

此外，不同产业对运输时间和运输质量的要求也不同。例如，制造业通常需要稳定的公路交通运输服务，以保证生产具有稳定性；而快递业则需要快速、可靠的运输服务，以使消费者尽快收到货品。因此，在分析区域产业结构对公路交通运输需求的影响时，相关部门需要深入了解不同产业的具体需求，具体问题具体分析。

（三）区域人口与城市化进程对公路交通运输需求的影响

随着人口增长和城市化进程加速，人们的生活和工作方式也发生了变化，人们的出行频率增加，从而产生了更多的公路交通运输需求。特别是城市内部和城市之间的通勤、商务、旅游等出行需求日益增长，这对公路交通运输的便利性和可靠性提出了更高的要求。

区域人口和城市化进程对公路交通运输需求的影响在不同地区存在差异。一些经济快速发展的地区，由于人口密度大，区域规模大，道路交通流量大，对公路交通运输的需求也会更加强烈。而一些经济欠发达地区，由于人口密度较小，对公路交通运输的需求也就没有那么强烈。因此，在分析人口与城市化进程对公路交通需求的影响时，相关部门需要综合考虑地区差异。

（四）区域资源分布状况对公路交通运输需求的影响

一些地区的资源分布状况决定了该地区的经济活动类型和规模，进而对物资流动和人员流动造成影响。例如，矿产资源和农业资源丰富的地区，需要大量的原材料和产品的运输，因此这些地区的公路交通运输需求通常较为强烈。

区域资源的开发利用对公路交通运输需求的推动作用在不同地区存在差异。一些大宗物资运输的地区，如煤炭、钢铁等重工业基地，需要建设大量的重载公路和运输通道，以满足大运量、高强度的运输需求。而一些旅游胜地或特色产业地区则需要建设高品质的公路交通运输基础设施，以吸引游客和促进当地特色产业的发展。因此，在分析区域资源分布状况对公路交通运输需求的影响时，相关部门需要综合考虑不同地区资源的分布特点和开发利用情况。

二、区域经济发展对公路交通运输能力的影响

区域经济水平的高低直接影响公路交通运输基础设施的建设。一般来说，一个区域的经济水平越高，其对公路交通运输基础设施建设的投入也会相应增加，从而能够更好地满足区域内交通运输的需求。同时，区域经济水平的提高也会促进区域内企业的发展，企业的壮大和经济效益的提高也会对公路交通运输基础设施的建设提供更多的资金和技术支持。区域经济水平的提高还会推进区域内城市化进程，城市的发展规划和建设也会对公路交通运输的发展产生影响。

区域经济的发展对公路交通运输的发展起重要的引导作用。首先，区域经济的发展目标和战略规划对公路交通运输的发展方向有着重要影响。例如，如果一个地区将旅游业作为重点产业，那么该地区的公路交通运输就会更加注重

旅游路线的完善和旅游景区的交通连接。其次，区域经济的发展水平决定了公路交通运输的规模和标准。经济较为发达的地区，由于人口密集、产业集中，客货运需求量较大，需要建设更大规模、更高标准的公路交通运输基础设施。

区域经济的发展也会对公路交通运输的管理水平与运营水平产生影响，而公路交通运输的管理水平与运营水平和公路交通运输能力密切相关。随着区域内交通流量的增加和运输需求的多样化，公路交通运输的管理与运营面临着多种挑战。不断加强信息技术的应用，整合可以利用的资源，优化交通管理系统和服务模式，可以提高公路交通运输的管理水平与运营水平。

第三节 促进公路交通运输与区域经济发展良性互动的措施

20世纪初，许多专家学者就对公路交通运输与区域经济发展之间的关系进行过探讨。近年来，我国政府及相关部门也越来越重视公路交通运输对各区域经济发展的促进作用。公路交通运输是促进区域经济发展的重要载体，在连接物质生产、资源分配、平衡区域发展、加强区域设施建设等各个环节中都起到了十分重要的作用，并且对城市投资环境的改善、城市开发建设的促进、产业结构的升级等具有重要影响。

为促进公路交通运输与区域经济发展的良性互动，政府及相关部门可以采取以下措施：

一、加强统筹规划，实现协调发展

政府应加强对区域经济发展与公路交通运输的统筹规划，确保两者协调发展。政府在制定区域经济发展战略和公路交通运输发展规划时，应充分重视两者之间的相互影响，避免出现发展不协调的情况。同时，应加强不同部门之间的沟通与协作，以促进公路交通运输与区域经济发展良性互动。

二、加大投入力度，提升供给能力

政府应加大对公路交通运输基础设施建设的投入力度，增加资金、技术、人才等方面的支持。同时，还应鼓励社会资本参与公路交通运输基础设施建设，形成多元化的投资格局。相关部门通过扩大建设规模、提高技术水平、优化路网布局等措施，满足区域发展的需求，推动经济的快速发展。

三、优化运输结构，提高运输效率

政府应加强公路交通运输与其他运输方式的协调配合，优化运输结构，提高运输效率。应大力发展多式联运、甩挂运输等先进的运输组织方式，提高公路交通的运输能力和运输效率。同时，相关部门应利用大数据和人工智能技术，分析和预测运输需求，以便更准确地调配运输资源，缓解城市交通拥堵状况，提高公路交通运输的便捷性和舒适性。

四、加强科技创新，推动智能化发展

政府应鼓励和支持科技创新，推动公路交通运输的智能化发展。政府通过引入先进的信息技术，可以实现公路交通运输的智能化管理和运营。例如，交通管理部门通过安装高清摄像头、传感器等设备，可以实时监控道路状况、车辆流量和行驶速度等信息。利用这些信息，交通管理部门可以及时调整交通信号配时、发布交通信息，有效缓解道路拥堵，提高道路通行效率。

五、完善政策体系，促进可持续发展

政府应完善相关的政策体系，制定科学的公路交通运输发展规划，加强政策引导和资金支持，鼓励企业和社会资本参与公路交通运输基础设施建设。同时，相关部门还应注重保护环境和节约利用资源，推进公路交通运输健康可持续发展。

六、加强人才培养，提升服务质量

政府应加大对公路交通运输领域的人才培养力度，提高从业人员的专业素质和服务意识。相关部门应积极开展培训、交流等活动，提升公路运输企业的管理水平，为区域经济发展奠定坚实基础。

第六章 基于人工智能及绿色发展理念的公路交通运输

第一节 基于人工智能的公路交通运输

人工智能是研究、开发用于模拟、延伸和扩展人类智能的理论、方法、技术及应用系统的一门学科。智能的本质是古今中外许多哲学家和脑科专家一直在努力探索和研究的问题，但至今尚未完全研究清楚。因此，迄今为止学术界也没有给人工智能下一个明确的定义。下面列举部分学者对人工智能的描述：

①人工智能是某些活动（与人的思想、决策、问题求解和学习等有关的活动）的自动化过程。

②人工智能是一种使计算机能够思维，使计算机具有智力的新尝试。

③人工智能是用计算机模型研究智力行为的技术。

④人工智能是一种能够自主执行人类智能行为的技术。

⑤人工智能是一门通过计算过程力图理解和模仿智能行为的学科。

⑥人工智能是计算机科学中与智能行为的自动化有关的一个分支。

⑦人工智能是研究和设计具有智能行为的计算机程序的技术，可执行人或动物所具有的智能行为。

综合上述学者对人工智能的描述，我们可以这样理解人工智能，即能够让计算机像人一样拥有智能，可以代替人类实现识别、认知、分析和决策等多种功能的技术。例如，机器人服务员能够将语音识别成文字，然后对文字进行分析、理解，并与人对话，最后为客户提供服务。

一、人工智能在公路交通运输中的主要作用

首先，相关人员利用智能传感器和视频监控技术，可以实时监测道路交通状况，预测交通流量和拥堵情况，为出行者提供更加精准的路线规划和出行建议，提高公路交通的安全性，减少交通事故的发生。

其次，人工智能可以提高公路交通运输的效率。相关人员利用智能化的交通管理系统，可以实现车辆的智能调度，优化交通信号配时，提高道路通行效率，减少交通拥堵。

最后，基于人工智能的自动驾驶技术，可以实现车辆的自主驾驶和安全避障，提高驾驶的安全性和舒适性。同时，通过手机应用程序或其他智能设备，出行者可以方便地获取最新的交通信息，实现快速、准点出行。

二、人工智能在公路交通运输中的应用

（一）智能交通管理系统

智能交通管理系统是人工智能在公路交通运输领域中的重要应用，智能交通管理系统的运行目的是实现道路交通的高效、安全和有序运行。通过集成先进的信息技术，智能交通管理系统能够实现对道路交通的实时监测和智能化管理，提高公路交通运输效率，减少拥堵和事故风险。

智能交通管理系统的核心功能包括：

1.交通信息采集

利用各种传感器和设备，实时监测道路交通状况，包括车流量、车速、

道路状况等。这些信息通过通信技术传输到控制中心，为后续的决策提供数据支持。

2.交通信号控制

智能信号控制技术，有助于优化交通信号配时，提高道路通行效率。系统能够根据最新的交通信息及历史数据，自动调整交通信号灯的配时方案，实现动态的交通管理。

3.路径规划与导航

为出行者实时提供路径规划和导航服务。基于采集的交通信息和预测的交通流量，系统能够为出行者推荐最优的行驶路线，以避开拥堵路段，提高出行效率。

4.应急管理与事件处理

通过实时监测和数据分析，相关部门能及时发现和处理交通事故，并对道路维修等突发情况进行反馈。系统能够迅速响应，协调相关部门紧急处理交通事故，保障道路交通安全。

5.综合信息发布

相关部门可通过该系统收集并整合交通信息，然后将整合后的信息通过各种媒体和平台向公众发布。出行者可以根据这些信息合理安排出行计划，减少延误和拥堵问题。

（二）自动驾驶系统

自动驾驶是未来公路交通运输领域的重要发展方向，有望彻底改变人们的出行方式和物流运输模式。

自动驾驶系统的核心功能包括：

1.环境感知

利用激光雷达、摄像头等传感器，自动驾驶系统感知周围环境并获取丰富的道路信息。自动驾驶系统能够识别车辆、行人、道路标志、障碍物等，并实时更新车辆周围的环境信息。

2.路径规划和导航

基于感知的环境信息和地图数据，自动驾驶系统能够自动选择合适的行驶路线，避开障碍物和危险区域，确保车辆安全、准确地到达目的地。

3.行为预测与决策控制

自动驾驶系统通过分析最新数据和历史数据，预测其他车辆、行人的行为意图，并作出相应的驾驶决策。该系统能够自动控制车辆的油门、刹车、方向盘等关键部件，实现安全、稳定的自主驾驶。

4.高精度地图与定位技术

自动驾驶系统的正常运行依赖于高精度地图和定位技术。地图数据包含了道路结构、障碍物位置、交通标志等信息，为车辆提供准确的行驶参考信息。

（三）车路协同系统

车路协同系统是一种智能交通系统，通过实现车与车、车与道路基础设施、车与行人的全面互联，提高道路交通的安全性和舒适性。车路协同系统通过无线通信手段，为驾驶员提供最新的周围环境信息和交通动态信息。

车路协同系统的核心功能包括：

1.车与车通信

实现车辆之间的信息交互，共享彼此的位置、速度、行驶方向等信息。该系统有助于提高驾驶员对周围车辆动态的感知能力。

2.车与道路基础设施通信

通过与道路基础设施（如交通信号灯、路面状况传感器等）的通信，该系统可以实时获取交通信息和道路状况，帮助驾驶员作出更科学的驾驶决策。

3.车与行人通信

实现车与行人之间的信息交互。行人可以通过手机或其他设备将自己的位置、意图等信息发送给车路协同系统，使该系统提前了解行人动态，增强行人与车辆交互的安全性。

（四）智能物流管理系统

通过集成先进的信息技术，智能物流管理系统能够实现对物流过程的全面监控和优化，提高物流运输的效率、准确性和可靠性。

智能物流管理系统的核心功能包括：

1.物流信息管理

利用智能化的技术手段，实现对物流信息的全面管理。该系统能够实时跟踪货物的运输状态，记录货物的装载、运输、卸载等环节的信息，确保物流信息的准确性和完整性。

2.路径规划与优化

基于物流信息跟踪技术，该系统能够为货物运输选择最优的行驶路线，避开拥堵路段，减少运输时间。同时，该系统还可以根据公路交通的实际情况动态调整运输计划，应对突发情况。

3.自动化装卸与配送

通过自动化技术和智能设备的应用，该系统可实现货物的自动化装卸和配送。该系统能够自动识别货物的品种、数量和目的地等信息，自动完成货物的装载和卸载作业。同时，智能物流管理系统可以根据收货人的位置和时间要求，进行最优的配送路线规划和配送时间的安排。

4.智能仓储管理

利用物联网技术，实现对仓库货物的全面监控和管理。该系统能够实时监测货物的存储状态、数量、质量等信息，自动调节仓库内的温湿度等环境参数。同时，该系统还可以进行库存优化和补货计划制订。

5.数据分析与决策支持

收集和分析大量的物流数据，为企业提供决策支持。例如，该系统通过分析历史运输数据和市场变化趋势，可以帮助企业制定更加科学的物流战略和运营计划。

三、人工智能应用于公路交通运输中面临的挑战

（一）技术不成熟与推广难度大

人工智能在公路交通运输中的应用，虽然具有巨大的发展潜力，但也面临着一些挑战。其中，技术不成熟和推广难度大是两个主要的问题。

技术是否成熟是人工智能在公路交通运输领域能否充分应用的关键因素。尽管许多人工智能技术获得重大突破，但它们在实际应用中仍面临一些难题。例如，要想使自动驾驶系统能够正常运行，就需要解决复杂道路环境等问题；要想使车路协同系统能够正常运行，就需要实现不同厂家和设备的互联互通，确保信息交互的可靠性和安全性；要想使智能物流管理系统能够正常运行，就需要提高物流信息的准确性，降低运营成本和提升服务水平。因此，要想实现人工智能在公路交通运输领域的广泛应用，就需要不断提高技术成熟度。

推广难度大也是人工智能应用于公路交通运输领域需要解决的实际问题。人工智能在公路交通运输领域的推广需要政府、企业和公众的共同参与。政府可以通过政策扶持和资金支持来鼓励企业引进人工智能；企业可以通过合作和联盟的方式，共同推进人工智能在公路交通运输领域的发展和应用；公众可通过各种渠道对人工智能在公路交通运输领域的应用提出建议，帮助企业和政府不断改进和优化产品和服务。

（二）法律法规不够完善，政策支持力度不够大

除了技术不成熟和推广难度大，法律法规与政策不够完善也是人工智能应用于公路交通运输领域面临的一大挑战。

首先，法律法规的制定和完善对于人工智能的发展和应用至关重要。由于

人工智能的研发与应用涉及多个领域和多个部门,现有的法律法规还不够健全,因此政府需要制定相关的法律法规,明确人工智能的合法地位和在公路交通运输领域的应用范围,同时规范其发展路径和监管方式。此外,还需要建立认证和审核机制,确保人工智能应用于公路交通运输领域的安全性和可靠性。

其次,政策支持对于人工智能在公路交通运输领域中的推广和应用也至关重要。现阶段,我国对人工智能的应用还处在探索阶段,政策支持力度还不够大,政府可以通过财政补贴、税收优惠等手段来鼓励企业进行智能化改造;还可以通过设立专项资金和引导基金等方式,吸引更多的社会资本投入人工智能的研发和应用领域。此外,政府还可以建立公共服务平台,促进人工智能在公路交通运输领域的产业化和商业化应用。

(三)跨行业合作与跨界融合困难

由于人工智能的应用与推广涉及多个领域和多个部门,只有通过跨行业合作与跨界融合,才能更好地推动人工智能在公路交通运输领域的广泛应用。

第一,跨行业合作是人工智能在公路交通运输领域实现广泛应用的关键。公路交通运输涉及多个领域,如交通管理、车辆制造、物流运输等,这些领域的企业需要和政府相关部门进行合作,合力促进人工智能的实际应用。例如,交通管理部门需要与车辆制造商合作,制定统一的标准和规范,实现车路协同系统的正常运行;物流企业需要与交通管理部门合作,共同推动智能物流管理的发展。

第二,人工智能在公路交通运输领域中的应用还面临跨界融合困难的问题。随着技术的发展和市场的变化,许多传统行业之间的界限逐渐模糊,跨界融合成为一种新的发展趋势。例如,汽车制造商可以与互联网公司合作,共同推出智能网联汽车;物流企业可以与电商平台合作,共同提高物流配送效率。这种跨界融合可以带来更多的创新和机遇,推动人工智能在公路交通运输中的快速发展。然而,不同领域的企业和政府部门有不同的利益诉求和技术背景,如何协调各方利益、制定统一的标准和规范是一大挑战。此外，跨界融合需要打破传统的行业壁垒和利益格局，建立互信、互助的合作机制。

（四）经济效益与社会效益平衡困难

实现人工智能在公路交通运输领域的广泛应用，需要平衡经济效益和社会效益。相关部门及企业在追求经济效益的同时，也需要考虑社会效益的实现，包括提高交通安全、减少环境污染、提升公众出行体验等。

首先，社会效益是人工智能在公路交通运输领域应用的首要考虑因素。随着社会对交通安全和环保问题的关注度不断提高，人工智能的广泛应用可以显著提高道路交通安全水平、降低交通事故的发生率；还可以减少尾气排放量、噪声污染等环境问题，提高公众的出行体验和生活质量。此外，人工智能的广泛应用还可以增强公路交通运输系统的可靠性，缓解城市交通拥堵状况，提升城市形象。

其次，经济效益是实现人工智能在公路交通运输广泛应用的重要驱动力。通过智能化改造，企业可以提高运输效率、降低运营成本、提升服务质量，从而获得更多的商业机会和竞争优势。同时，人工智能的应用还可以带动相关产业的发展，创造更多的就业机会和经济增长点。

然而，经济效益和社会效益的平衡并不容易实现。有时为了追求经济效益而忽视了社会效益的实现；有时为了实现社会效益而忽视了经济效益的提升。要想实现人工智能在公路交通运输的广泛应用，就需要重视经济效益和社会效益的平衡。政府可以通过政策扶持和资金支持来鼓励企业进行智能化改造，同时也可以通过建立监管机制来确保技术应用的安全性和可靠性。企业在通过智能化改造来提高运输效率和服务质量的同时，也需要关注环保和安全问题。

四、人工智能在公路交通运输领域的发展趋势

（一）技术创新推动智能交通系统进一步完善

随着科学技术的不断发展，人工智能在公路交通运输中的应用将越来越广泛。未来，智能交通系统将进一步完善，公路交通运输网络将更加智能化、高效化和安全化。

第一，技术创新将推动智能交通系统的功能不断丰富。未来的智能交通系统将更加注重数据采集、处理和应用的实时性和准确性。例如，通过更先进的传感器和通信技术，相关部门可实现更全面的交通数据采集和更快速的信息传递；通过智能算法，相关人员可提高数据处理和分析的水平，为交通管理和决策提供支持。

第二，智能交通系统的应用领域和场景将进一步拓展。除了传统的交通管理、车辆导航和物流配送等领域，智能交通系统还将应用于自动驾驶、共享出行、公共交通优化等领域。引入智能化的技术手段，可以实现不同交通工具的协同运行，提高交通运输的整体效率和安全性。

第三，智能交通系统将更加注重与智慧城市建设的融合。未来的智能交通系统将与智慧城市建设相辅相成，共同构建智慧交通体系。智能交通系统通过与城市其他基础设施的互联互通，实现城市交通的智能化管理和服务，提升人们的出行体验。

（二）跨界融合促进产业升级与新业态形成

人工智能在公路交通运输领域的应用将进一步促进跨界融合，推动产业升级和新业态的形成。未来，公路交通运输将呈现出更加多元化和综合性的发展趋势。

首先，跨界融合将促进公路交通运输行业的升级和转型。随着人工智能的

广泛应用，涉及公路交通运输的传统企业将面临转型升级的压力。这些企业需要积极拥抱新技术，通过跨界合作和创新发展，实现自身的转型升级。同时，人工智能的广泛应用也将催生一批新型公路运输企业，推动产业的创新发展。

其次，跨界融合将促进新业态的形成和发展。未来的公路交通运输将更加注重用户体验和服务创新。互联网、旅游等领域的有机融合，能够形成一批新的业务形态和服务模式。例如，基于智能网联汽车的共享出行、智能物流配送、车联网娱乐等新业态将逐渐普及。这些新业态将为用户提供更加个性化的服务体验，同时也为相关企业带来新的商机和效益增长点。

（三）政策支持与市场驱动共同推动行业发展

人工智能在公路交通运输领域的广泛应用，离不开政策支持和市场驱动。政府可以通过制定相关政策，为人工智能在公路交通运输领域的广泛应用提供指导和支持。例如，政府可以出台相关法律法规，规范智能交通的研发、测试、应用和管理；可以设立专项资金，支持智能交通技术的研发和产业化；可以制定优惠政策，鼓励企业投入人工智能的研发和推广。

此外，随着社会经济的发展和人民生活水平的提高，市场需求对于人工智能在公路交通运输领域的广泛应用起到重要的推动作用。例如，随着城市化进程的加速和人们出行需求的增加，智能化的系统和设施在缓解交通拥堵、提高出行效率等方面的优势逐渐显现，市场需求不断增长。同时，市场竞争也将促使企业加大智能化产品的研发投入，提升产品和服务质量。

政策支持和市场驱动是相辅相成的，共同推动人工智能在公路交通运输领域的广泛应用。政策支持可以为市场驱动提供更好的环境和条件，促进市场的健康发展；而市场驱动则可以为政策支持提供更具体的方向，使政策的制定和实施更加符合实际需求。

五、基于人工智能的公路交通运输对经济发展的影响

（一）有助于促进经济发展

基于人工智能的公路交通运输有助于实现资源的优化配置。相关部门可以利用人工智能准确预测货物需求，从而更合理地分配运输资源，如车辆、驾驶员和仓储空间等。这种资源的优化配置不仅降低了物流成本，还使得区域内的经济活动更加高效，也使得企业可以将更多的资源和时间投入新产品的研发和创新。同时，基于人工智能的公路交通运输也催生了一批与之相关的新兴产业，如智能交通设备制造、智慧交通软件开发等，这些新兴产业为区域经济发展注入了新的活力。

此外，基于人工智能的公路交通运输还有助于促进农业经济发展。农民利用智能化的公路交通运输系统，可以将农产品更快地从产地运送到市场，这不仅提高了农民的收入，还促进了农业产业结构的优化，使得农业生产更加高效和市场化。基于人工智能的公路交通运输还推动了农业的现代化进程。通过引入先进的农业技术和智能设备，结合高效的公路交通运输网络，农业生产可以实现自动化、精准化和智能化，从而降低劳动成本，进一步促进农业经济的发展。

（二）有助于调整产业结构

基于人工智能的公路交通运输对产业结构的调整起到了显著的推动作用。例如，企业通过引入人工智能，可以优化供应链结构。企业进行科学的公路交通运输路径规划，有助于减少原材料和产品的运输时间和成本，更加快速地响应市场需求，而供应链结构的优化对产业结构的调整有一定的积极影响。

第二节 基于绿色发展理念的公路交通运输

一、绿色发展理念的定义与重要性

随着全球环境问题日益严重，绿色发展理念逐渐成为各国发展的重要指导思想。绿色发展理念强调在经济发展过程中，注重环境保护、资源节约和可持续发展，旨在实现人与自然的和谐共生，实现经济发展与环境保护的和谐共存。在公路交通运输领域，绿色发展理念的提出对于推动公路交通运输市场的可持续发展具有重要意义。

首先，坚持绿色发展理念是应对环境问题的必然选择。随着汽车数量的不断增加，公路交通运输对环境的影响日益突出。空气污染、噪声污染、土地资源占用等问题愈发严重，对人们的生产生活造成了不良影响。坚持绿色发展理念，有利于引导公路交通运输行业向环保、低碳方向发展，减少对环境的负面影响。

其次，坚持绿色发展理念是实现可持续发展的重要途径。可持续发展指的是既满足当代人的需求，又不对后代人满足其自身需求的能力构成危害。在公路交通运输领域，绿色发展理念倡导通过提高能源利用效率、减少温室气体排放量、推广清洁能源等方式，推动行业的可持续发展。这有助于确保公路交通运输行业的长远发展，为经济社会的可持续发展提供有力支撑。

最后，坚持绿色发展理念也是行业提升自身竞争力的有效途径。随着环境问题日益受到重视，消费者对环保产品的需求不断增加。在公路交通运输领域，绿色发展理念推动企业研发和推广环保技术、低碳运输方式等，有助于企业树立环保形象，提升品牌价值和社会影响力，提高市场竞争力。

二、基于绿色发展理念的公路交通运输发展理念

（一）可持续发展理念

可持续发展理念是基于绿色发展理念的公路交通运输发展理念的核心。它强调既要考虑当前发展的需要，又要考虑未来发展的需要，不以牺牲后代人的利益为代价来满足当代人的利益。在公路交通运输领域，可持续发展理念要求公路运输企业注重长远规划，合理利用资源，减少对环境的负面影响，确保行业的长期健康发展。

为实现可持续发展，公路运输企业应注重提高能源利用效率，减少能源消耗，减少温室气体排放量，推动清洁能源的广泛使用。同时，应优化公路交通运输网络布局，提高运输效率，以减少交通拥堵和资源浪费现象。此外，还应加强科技创新，研发和推广环保技术，提升行业的可持续发展水平。

（二）资源节约与环境保护理念

资源节约与环境保护理念强调在公路交通运输中，应合理利用资源，减少浪费，同时降低对环境的破坏和污染程度。

在资源节约方面，公路运输企业应注重提高资源利用效率，通过优化运输路线、提高车辆实载率等方式，减少不必要的能源消耗。此外，还应推广循环经济理念，对废旧车辆等资源进行回收再利用，减少资源消耗，减轻环境负担。

在环境保护方面，公路运输企业应采取减少废气排放量、降低噪声污染等有效措施，减少对环境的负面影响。

（三）低碳发展理念

随着全球气候变化问题日益严重，低碳发展已成为各行业发展的共同目标。在公路交通运输领域，低碳发展理念强调通过降低碳排放量，提供更加环

保、高效的运输服务。

首先,低碳发展理念要求公路交通运输行业减少对传统能源的依赖,积极使用清洁能源。例如,鼓励使用电动汽车、混合动力汽车等新能源汽车,减少对石油等传统能源的消耗。同时,开发和应用太阳能、风能等可再生能源,为公路交通运输提供绿色发展动力。

其次,低碳发展理念强调提高能源利用效率。公路运输企业应通过改进发动机技术、优化运输路线、提高车辆实载率等方式,降低单位运输量的能耗和碳排放量。此外,应重视节能减排技术的研发和应用,推动公路交通运输向低碳化方向发展。

最后,在公路交通运输领域,除了公路运输企业应该坚持低碳发展理念,政府也应制定相关政策,鼓励企业购买和使用新能源汽车,鼓励消费者选择低碳运输服务。同时,加强基础设施建设,如充电桩、换电站等的建设,为电动汽车的推广提供便利条件。此外,还可以通过宣传教育,提高公众对低碳交通的接受度,共同推动公路交通运输行业的低碳转型。

(四)人与自然和谐共生理念

在基于绿色发展理念的公路交通运输发展理念中,人与自然和谐共生理念强调在满足人类出行需求的同时,保护自然环境,实现人类活动与生态系统的和谐共存。

首先,人与自然和谐共生理念要求公路交通运输的发展应尊重自然规律,保护生态环境。在公路交通运输项目的运营过程中,应减少对自然资源的破坏和占用。同时,加强道路两侧的绿化建设,保持生态系统的完整性,发挥生态系统服务功能。

其次,人与自然和谐共生理念倡导绿色出行。鼓励人们选择公共交通、自行车等环保出行方式,减少私家车出行。优化公共交通网络布局,提高出行效率,可有效减少人们对私家车的依赖。同时,推广共享经济理念和共享出行新业态，实现资源的高效利用。

为了实现人与自然和谐共生，政府应制定相关政策或采取相关措施。例如，制定严格的环保法规，约束公路交通运输过程中破坏环境的行为；完善公共交通配套设施；鼓励企业参与环保出行和共享出行新业态建设，鼓励个人选择绿色出行方式。同时，加强宣传教育，提高公众的环保意识和生态素养，共同营造人与自然和谐共生的美好环境。

三、基于绿色发展理念的公路交通运输实践探索

（一）节能减排技术应用

推动基于绿色发展理念的公路交通运输的发展，节能减排技术的应用是关键。通过采用先进的节能技术和减排措施，可以有效降低公路交通运输的能源消耗，减少污染物的排放量，提高能源利用效率。

首先，节能技术的应用包括研发和推广高效能发动机、轻量化车身、智能控制等技术。这些技术的应用能够提高车辆的燃油效率，减少能源消耗。此外，还应重视混合动力汽车、电动汽车等新能源汽车的研发和应用，鼓励新能源汽车逐步替代传统燃油汽车，实现低碳排放。

其次，减排措施的推广也不可忽视。减排措施包括使用清洁能源、减少空驶、优化运输路线等。例如，使用液化天然气等清洁能源能够使车辆有害气体的排放量显著减少；使用智能调度系统优化运输路线，能减少无效运输，也能减少能源消耗和有害气体排放量。

最后，政府应加强和运输企业的合作，加大对节能减排技术研发和推广的投入。同时，制定相关政策，建立节能减排奖励机制，鼓励运输企业和个人积极采用节能减排技术。此外，还应加强宣传教育，提高公众对节能减排重要性的认识。

（二）绿色基础设施建设

绿色基础设施建设是推动基于绿色发展理念的公路交通运输发展的重要支撑。建设绿色基础设施，有利于提高公路交通运输的环境保护能力和可持续发展能力。

首先，绿色基础设施建设应注重生态保护和恢复。在道路建设和维护过程中，应尽量减少对自然环境的破坏，注重生态修复和绿化工程建设。例如，在道路两侧种植植物、恢复湿地等，提高生态系统的服务功能。

其次，使用绿色建筑材料、可再生能源和节能设施也是绿色基础设施建设的重点。例如，在公路交通运输项目涉及的交通设施建设中使用绿色建筑材料；在停车场等场所应用太阳能、风能等可再生能源；使用智能照明系统，降低能源消耗，减少碳排放量。

最后，政府应加大对绿色基础设施建设的投入，制定相关政策和标准，引导和支持绿色基础设施的建设和完善。同时，鼓励运输企业、社会参与绿色基础设施的建设和运营，形成政府、企业和社会共同参与的绿色发展格局。

（三）绿色出行方式推广

随着人们对环保和健康的关注度不断提高，绿色出行方式逐渐成为人们的首选。在公路交通运输领域，推广绿色出行方式对于实现可持续发展、推动环境保护和资源节约具有重要意义。

首先，鼓励使用公共交通是绿色出行方式推广的重要方面。公共交通具有高效、环保、节约资源等优势，能够满足大部分居民的出行需求。政府应加大对公共交通及其配套建设的投入，完善公共交通网络布局，提高公共交通的服务质量，扩大公共交通的覆盖范围。同时，优化公共交通线路，提高公共交通运输效率，可有效减少人们对私家车的依赖。

其次，鼓励骑行和步行也是绿色出行方式推广的重要方向。骑行和步行不仅能够锻炼人们的身体，还有助于减少环境污染。政府应加大对骑行和步行相关基础设施的投入，建设安全的骑行道和步行道，提供相关的便利设施。同时，通过宣传教育，提高公众对低碳出行方式的接受度。

值得注意的是，共享出行是绿色出行方式的一种创新模式。共享单车、共享汽车等共享出行方式能够减少人们的车辆购买和闲置成本，提高车辆使用效率。政府应制定相关政策，鼓励和支持提供共享出行服务的企业的发展。同时，加强对共享出行的监管，保障共享出行消费者的安全，促使企业提高共享出行服务质量。

最后，政府应采取相关措施，鼓励绿色出行方式的推广。例如，对购买和使用低碳汽车的个人和企业给予税收优惠、补贴等政策支持；对公共交通、自行车和步行等绿色出行方式，保障路权优先；加大对绿色出行的宣传力度，提高公众的环保意识和绿色出行接受度。

（四）绿色物流发展

绿色物流是指以降低对环境的污染、减少资源消耗为目标，利用先进物流技术规划和实施运输、储存、包装、装卸、流通加工等物流活动，强调在整个物流过程中注重环境保护、资源节约和可持续发展。发展绿色物流不仅是应对环境问题的需要，也是推动公路交通运输行业可持续发展的必然选择。

首先，优化物流路线和减少空驶是绿色物流发展的重要措施。相关部门可通过智能物流调度系统，合理规划运输路线，减少重复运输和空驶，提高运输效率。同时，鼓励多式联运，发挥不同运输方式的组合优势，降低能源消耗，减少污染物排放量。

其次，推广绿色包装和循环物流是绿色物流发展的关键环节。企业使用可降解、可回收的包装材料能够减少废弃物的产生和对环境的污染。同时，建立逆向物流回收体系，对废弃物进行回收、分类、再利用，促进资源的循环利用，提高资源利用率。

再次，企业也应积极参与到绿色物流的发展中。通过采用先进的物流技术和设备、优化运输和仓储方案、加强供应链管理等措施，降低能源消耗，减少污染物排放量，提高资源利用效率。同时，加强与供应商、客户的合作与沟通，共同推动绿色物流的发展。

最后，政府应制定相关政策和标准，引导和支持绿色物流的发展。例如，对使用可降解、可回收包装材料的物流企业给予政策优惠；加大对绿色物流技术的研发和应用投入；建立绿色物流评价标准和管理体系，规范绿色物流的发展。

（五）政策与法规支持

在推动基于绿色发展理念的公路交通运输发展过程中，政策与法规的支持是不可或缺的一环。政府通过制定相关政策和法规，引导和规范公路交通运输行业的绿色发展，能够激发市场主体的积极性，促进可持续发展。

政府应制定明确的基于绿色发展理念的公路交通运输发展目标，为行业的发展指明方向。例如，设定碳排放量减少的目标、能源利用效率提高的目标等，并制订相应的实施计划和时间表。设定明确的目标，能够增强企业和个人的责任感和紧迫感，推动企业和个人积极参与到基于绿色发展理念的公路交通运输发展的实践中。

政府应加大对基于绿色发展理念的公路交通运输的政策支持力度。例如，采取财政补贴、税收优惠等政策措施，鼓励企业和个人购买和使用新能源汽车、采用绿色出行方式等。政策激励能够有效降低绿色发展的成本，提高市场主体的积极性，推动基于绿色发展理念的公路交通运输的快速发展。

政府应加强法规建设，制定严格的环保法规和标准，约束和规范公路运输企业的行为。例如，制定排放标准，对超标排放的企业进行处罚；建立绿色认证制度，对符合排放标准的产品和服务进行认证和推广。加强法规建设，能够确保基于绿色发展理念的公路交通运输的健康发展，减少对环境的负面影响。

政府还应建立完善的监管机制，加强对公路交通运输的监督和管理。例如，建立监测和评估机制，对公路运输企业的污染物排放和能源消耗进行监测和评估；建立信息公开和公众参与机制，让公众参与到监督和评价中。

四、基于绿色发展理念的公路交通运输面临的挑战

（一）技术创新与推广存在难度

基于绿色发展理念的公路交通运输的发展面临诸多挑战，其中技术创新与推广难度是较为突出的问题之一。尽管已有一些节能减排技术得到应用，但很多技术在成本、性能和可靠性等方面仍存在局限性，难以得到大规模推广。

一方面，技术创新是推动基于绿色发展理念的公路交通运输发展的关键。然而，新技术的研发需要大量的资金和时间投入，且存在一定的风险，还会受到市场不确定性的影响。因此，企业往往面临较大的商业压力，难以投入足够的资源进行技术创新。另一方面，推广绿色技术需要克服一些实际困难。例如，有些节能减排技术的使用成本较高，会增加运输企业的负担；有些技术尚未成熟，存在性能问题，需要进一步改进和完善。此外，一些传统的出行方式和物流模式在短时期内难以被绿色出行方式和绿色物流所替代，不同地区和行业之间的技术发展水平存在差异，这些也制约了技术的创新和推广。

（二）政策支持与资金投入不足

基于绿色发展理念的公路交通运输的发展需要政策支持和资金投入。政府在制定相关政策和标准的同时，需要加大对公路交通运输在绿色发展方面的资金支持力度，以推动行业的可持续发展。目前，政策支持与资金投入仍不足。

一方面，政策支持是推动基于绿色发展理念的公路交通运输发展的重要保障。公路交通运输领域的环保法规和标准还不够完善，为了规范公路运输企业

的行为，推动公路交通运输行业绿色发展，政府需要加大政策支持力度。另一方面，资金投入是实现基于绿色发展理念的公路交通运输发展的必要条件。新技术的研发、绿色基础设施的建设和运营、人员的培训等方面都需要大量的资金投入。

（三）公众认知度与接受度不足

基于绿色发展理念的公路交通运输的发展程度受到公众认知度与接受度的影响。目前公众对绿色出行方式的认知度和接受度仍显不足，这成为基于绿色发展理念的公路交通运输发展的一大挑战。

一方面，公众对绿色出行方式的认知有限。很多人对绿色出行方式的概念、意义和重要性不够了解，对其带来的环保意义和健康效益也缺乏足够的认识。这导致公众选择绿色出行方式的积极性不高，制约了基于绿色发展理念的公路交通运输的发展。另一方面，公众对绿色出行方式的接受度也不足。由于传统出行方式和思维惯性的影响，很多人对绿色出行方式持有疑虑和抵触情绪，认为绿色出行方式会影响出行效率和舒适度。此外，一些人对绿色出行方式的性能和可靠性存在担忧，也影响了基于绿色发展理念的公路交通运输的发展。

（四）国际合作与交流的挑战

在全球化的背景下，国际合作与交流成为推动基于绿色发展理念的公路交通运输发展的重要途径。通过国际合作与交流，不同国家和地区可以共享节能减排技术的创新和推广经验，有利于共同应对环境挑战，促进可持续发展。

不同国家和地区在基于绿色发展理念的公路交通运输的发展方面有着各自的优势和经验，通过国际合作与交流，不同国家和地区可以相互学习、取长补短。尤其是对国际上的先进技术、标准和经验，我国可以引入并作为参考，从而推动我国基于绿色发展理念的公路交通运输的发展进程。同时，国际合作还能促进跨国界的环保合作项目的建设，有利于共同应对全球性的环境问题。

然而，不同国家和地区的文化背景、技术水平和发展阶段存在差异，导致在国际合作与交流中出现观念分歧和利益冲突。此外，国际合作需要遵循国际标准和规范，可能会对我国的公路运输企业带来一定的影响和挑战。

五、基于绿色发展理念的公路交通运输的发展趋势

（一）技术创新推动绿色发展

随着科学技术的不断进步，技术创新将在公路交通运输领域的绿色发展中发挥越来越重要的作用。技术创新将为基于绿色发展理念的公路交通运输提供更高效、环保和智能的解决方案，推动公路交通运输行业的可持续发展。

新能源技术的发展将为公路交通运输提供更清洁的能源。随着电池技术的不断突破，电动汽车的续航能力和充电速度将得到大幅提升，有利于电动汽车的广泛推广与应用。同时，氢能源等新型能源也将为公路交通运输提供新的动力。

智能化和互联网技术的发展将为公路交通运输带来更高效和智能的管理和运营模式。大数据、物联网、人工智能等技术的应用，可以实现公路交通运输流量的智能调度以及车辆的自动驾驶和协同驾驶，提高公路交通运输的效率和安全性。同时，智能化和互联网技术的发展将促进共享出行、绿色物流等新型服务模式的发展，有利于降低能源消耗，减少污染物排放量。

（二）政策支持与市场驱动共同推动绿色发展

政策支持与市场驱动是未来基于绿色发展理念的公路交通运输发展的两个重要驱动力。政府通过制定相关政策和标准，引导和规范公路交通运输行业的绿色发展；市场则通过需求和竞争机制，推动公路运输企业不断创新和提升环保水平。

在政策支持方面，政府可以制定更加明确和具体的绿色发展目标和实施计划，加大对基于绿色发展理念的公路交通运输发展的支持力度。例如，采取税收优惠、财政补贴等政策措施，鼓励公路运输企业采用节能减排技术和设施；加大环保法规和标准的执行力度，规范公路运输企业的行为；推动公共交通、自行车、步行等绿色出行方式的优先发展等。

在市场驱动方面，需求和竞争机制是推动基于绿色发展理念的公路交通运输发展的关键因素。随着消费者对环保和健康的关注度不断提高，市场需求将进一步向绿色产品和绿色运输服务倾斜。企业为了在竞争中获得优势，将不断加大环保投入和创新力度，从而提升产品和服务的环保性能和竞争力。同时，市场竞争也将推动企业更加注重资源的节约和循环利用，降低生产成本，实现可持续发展。

（三）社会参与度提高，绿色出行成为生活习惯

随着人们环保意识的日益增强，未来公路交通运输的绿色发展将得到更多的社会支持。绿色出行将逐渐成为人们的生活习惯，为公路交通运输的可持续发展贡献力量。

一方面，社会参与度的提高将促进绿色出行方式的普及。公众的环保意识不断提升，更加倾向于选择环保的出行方式，如公共交通、自行车、步行等。这将促使更多的运输企业和个人参与到公路交通运输的绿色发展实践中，推动基于绿色发展理念的公路交通运输的发展。同时，社区、学校等社会各界也将积极参与绿色出行方式的推广活动，形成全社会的共同行动。另一方面，绿色出行将逐渐成为人们的生活习惯。随着绿色出行相关配套设施的完善和服务质量的提升，人们将更加便捷地享受到绿色出行带来的便利。例如，智能化的公共交通系统将提高出行的效率，促使更多人选择公共交通；共享单车等共享出行新业态将为人们提供灵活、多样的出行选择，推动绿色出行方式融入人们的日常生活。

（四）国际合作与交流加强，推动全球绿色发展进程

在全球化的背景下，各国在应对环境挑战和推动可持续发展方面有着共同的目标和责任。因此，国际合作与交流将成为基于绿色发展理念的公路交通运输发展的重要趋势。

国际合作与交流有助于制定和实施统一的环保标准和规范，在全球范围内促进各国公路交通运输行业的公平竞争和合作。此外，国际合作与交流还能提供资金和资源支持，帮助发展中国家和其他需要援助的国家推动基于绿色发展理念的公路交通运输的发展。

在加强国际合作与交流方面，各国公路交通运输行业应建立广泛的合作关系，积极参与国际组织和活动，加强公路交通运输领域关于技术创新、绿色物流等方面的合作与交流，共同探讨绿色发展策略和环境问题解决方案。同时，建立稳定的合作伙伴关系，形成长期合作的机制，有利于国际社会共同推进技术研发、标准制定和环保项目等方面的工作，推动全球绿色发展进程。此外，加强人才培养和知识共享也是国际合作与交流的重要方面，有利于推动我国基于绿色发展理念的公路交通运输的发展，从而提高其在国际上的竞争力和影响力。

六、基于绿色发展理念的公路交通运输对经济发展的影响

基于绿色发展理念的公路交通运输对经济发展的影响主要体现在以下几个方面：

（一）节约能源和资源

基于绿色发展理念的公路交通运输的发展，使绿色出行方式如公共交通、自行车和步行等得到广泛推广和应用。这些出行方式通常是低能耗的，有助于减少能源开支和经济成本。

（二）减少交通拥堵

绿色出行方式的推广和应用减少了私家车的使用，有利于减少交通拥堵问题。交通拥堵不仅浪费时间，还会导致能源浪费和环境污染，减少交通拥堵可以提高经济发展效率。

（三）提高就业率

随着绿色出行方式的推广，人们对地铁、公交车等公共交通工具的需求将会增加。这将促进公共交通行业的发展，包括车辆制造、维修、运营等方面，从而创造更多的就业机会。加强非机动车道建设，鼓励市民骑行、步行，将促进自行车制造、步道设施等相关产业的发展，进一步提高就业率。

（四）改善空气质量

绿色出行方式的推广和应用，有利于减少汽车尾气排放量，从而减少空气污染，改善城市的空气质量。更清洁的空气也能够减少人们患上呼吸道疾病和心血管疾病的风险，提高居民的生活质量。

（五）推动产业升级

基于绿色发展理念的公路交通运输的发展，推动了公路交通运输行业和制造业的升级，促进了相关产业的发展，有利于推动经济结构转型和升级。

值得注意的是，虽然基于绿色发展理念的公路交通运输对经济发展有多方面的积极影响，但在公路交通运输项目建设和运营过程中也可能存在一些对环境的负面影响，如破坏沿线地区的生态环境和占用农田土地等。总之，我们在推动基于绿色发展理念的公路交通运输发展的同时，也需要充分考虑环境保护问题，实现经济发展与环境保护的协调发展。

参 考 文 献

[1] 曹凤萍.交通运输类专业应用型人才培养体系构建研究与实践[M].北京：人民交通出版社股份有限公司，2022.

[2] 陈林.新时代交通运输公共舆论引导[M].北京：人民交通出版社股份有限公司，2021.

[3] 陈贻龙，邵振一.运输经济学[M].北京：人民交通出版社，1999.

[4] 陈引社.运输经济（公路）专业知识与实务[M].北京：中国人事出版社，2008.

[5] 程世东.交通运输发展策略与政策[M].北京：人民日报出版社，2020.

[6] 方轮.区域交通运输一体化构建及珠三角案例分析[J].中国流通经济，2012（8）：41-46.

[7] 国家发展和改革委员会综合运输研究所.改革开放与中国交通运输发展[M].北京：中国市场出版社，2019.

[8] 杭文.运输经济学[M].2版.南京：东南大学出版社，2016.

[9] 何洋.公路交通物流运输对区域经济发展的影响研究[J].中国航务周刊，2023（31）：76-78.

[10] 河北省廊坊市公路学会.公路交通运输技术与管理[M].石家庄：河北人民出版社，2010.

[11] 户佐安，薛锋.交通运输组织学[M].成都：西南交通大学出版社，2014.

[12] 贾顺平.交通运输经济学[M].3版.北京：人民交通出版社股份有限公司，2019.

[13] 贾元华.城市交通经济[M].北京：北京交通大学出版社，2013.

[14] 蒋惠园.交通运输经济学[M].北京：人民交通出版社股份有限公司，

2015.

[15] 交通运输部职业资格中心. 交通运输职业伦理[M]. 北京：人民交通出版社股份有限公司，2021.

[16] 教琳，金鑫. 货运经济学[M]. 北京：北京理工大学出版社，2015.

[17] 赖新长. 公路交通运输对地域经济发展的作用研究[J]. 商展经济，2023（22）：111-114.

[18] 李永生. 运输经济学[M]. 北京：机械工业出版社，2019.

[19] 梁斐雯. 公共交通网络结构与居民出行效率：基于广州的实践与研究[M]. 北京：经济管理出版社，2021.

[20] 刘婵. 公路交通物流运输对区域经济发展的影响研究[J]. 中国物流与采购，2023（16）：99-100.

[21] 刘南，兰振东. 运输与配送[M]. 北京：科学出版社，2010.

[22] 刘南. 现代运输管理[M]北京：高等教育出版社，2006.

[23] 卢明银，王丽华，苑宏伟. 运输经济学[M]. 徐州：中国矿业大学出版社，2007.

[24] 邱荣祖. 公路交通运输系统工程[M]. 厦门：厦门大学出版社，2001.

[25] 荣朝和. 西方运输经济学[M]. 北京：经济科学出版社，2002.

[26] 帅斌，霍娅敏. 交通运输经济[M]. 成都：西南交通大学出版社，2007.

[27] 帅斌，李明，胡骥. 交通运输经济[M]. 成都：西南交通大学出版社，2011.

[28] 田婧婧. 公路交通运输对地区经济发展的影响研究[J]. 中国航务周刊，2023（28）：59-61.

[29] 许春善. 城市交通管理的现代化战略研究[M]. 北京：冶金工业出版社，2018.

[30] 杨霞. 低碳经济背景下公路运输经济发展策略分析[J]. 中国航务周刊，2024（1）：98-100.

[31] 张怀锋. 公路交通物流运输对区域经济发展的影响研究[J]. 中国航务周刊，2024（2）：66-68.

[32] 张健.公路交通运输安全管理[M].哈尔滨：黑龙江人民出版社，2014.

[33] 张恺.公路交通物流运输对区域经济发展的影响[J].中国航务周刊，2023（25）：67-69.

[34] 张明龙，张琼妮.国外交通运输领域的创新进展[M].北京：知识产权出版社，2019.

[35] 周桂良，许琳.交通运输设备[M].武汉：华中科技大学出版社，2019.

[36] 朱本兵.发展公路交通运输助力区域经济腾飞[J].中国商界，2024（1）：78-79.